LES
INSTITUTIONS PATRONALES

LEURS RÉSULTATS EN LORRAINE

THÈSE POUR LE DOCTORAT

PRÉSENTÉE ET SOUTENUE

Le vendredi 23 juin 1911, à 2 heures

PAR

Théophile GLUGE

Président : M. SENN, *professeur.*
Suffragants : MM. BROCARD, *professeur-adjoint.*
RENARD, *chargé de cours.*

PARIS

LIBRAIRIE NOUVELLE DE DROIT ET DE JURISPRUDENCE
ARTHUR ROUSSEAU, ÉDITEUR

14, RUE SOUFFLOT ET RUE TOULLIER, 13

1911

THÈSE

POUR LE DOCTORAT

FACULTÉ DE DROIT DE NANCY

Doyen : M. BINET, I. ⚜.
Doyen honoraire : M. BLONDEL, ✱, I ⚜.
Doyen honoraire et professeur honoraire : M. LEDERLIN, ✱, I ⚜.
MM. BLONDEL, ✱, I ⚜, Professeur de *Code civil*.

BINET, I. ⚜, Professeur de *Code civil* et Chargé du *Cours d'enregistrement*, doyen.

GARNIER, I ⚜, Professeur d'*Economie politique* et Chargé du *Cours de Législation financière*.

BEAUCHET, I ⚜, Professeur de *Procédure civile*, Chargé du *Cours de Procédure civile* (Voies d'exécution), et Chargé du *Cours de Législation et Economie coloniales*.

BOURCART, ✱, I ⚜, Professeur de *Droit commercial* et Chargé d'un *Cours de Droit commercial* (Licence).

GAVET, I ⚜, Professeur d'*Histoire du Droit*, Chargé du *Cours d'histoire du droit privé* et du *Cours d'histoire du droit et des institutions juridiques de l'Est*.

CHRÉTIEN, I ⚜, Professeur de *Droit international public et privé* et Chargé du *Cours de Droit international public* (Doctorat).

CARRÉ DE MALBERG, I ⚜, Professeur de *Droit public et constitutionnel* et Chargé des *Cours de Droit public* (Licence) et de *Droit public et Droit constitutionnel comparé* (Doctorat).

GÉNY, I ⚜, Professeur de *Code civil* et Chargé du *Cours de Droit civil approfondi* (Doctorat).

MICHON, I ⚜, Professeur de *Droit romain*, et Chargé du *Cours d'histoire du Droit public et du Cours de Pandectes*.

BROCARD, A. ⚜, Professeur-adjoint et chargé d'un cours d'*Economie politique* (Licence), d'un *Cours d'Economie politique* (Doctorat) et du *Cours d'Histoire des Doctrines économiques*.

ROLLAND, Professeur de *Droit administratif* (Licence), d'un *Cours de Droit administratif* (Doctorat) et d'un *Cours d'Eléments de Droit public et administratif* (Capacité).

SENN, Professeur de *Droit romain* et chargé d'un *Cours de Législation industrielle* (Licence).

NAST, Agrégé et chargé du *Cours de Droit criminel* et du *Cours de Droit naturel*.

SIMONNET, A. ⚜, Docteur en droit, Chargé d'un *Cours d'éléments de Droit civil* (Capacité).

RENARD, A. ⚜, Docteur en droit, Chargé d'un *Cours d'Eléments de Droit civil* (Capacité).

...IN, A. ⚜, Docteur en droit, Chargé du *Cours de science sociale*.

ROVEL, I ⚜, Docteur en Droit, Secrétaire.

UNIVERSITÉ DE NANCY. — FACULTÉ DE DROIT

LES
INSTITUTIONS PATRONALES

LEURS RÉSULTATS EN LORRAINE

THÈSE POUR LE DOCTORAT

PRÉSENTÉE ET SOUTENUE

Le vendredi 23 juin 1911, à 2 heures

PAR

Théophile GLUGE

Président : M. SENN, *professeur.*
Suffragants : MM. BROCARD, *professeur-adjoint.*
RENARD, *chargé de cours.*

PARIS

LIBRAIRIE NOUVELLE DE DROIT ET DE JURISPRUDENCE

ARTHUR ROUSSEAU, ÉDITEUR

14, RUE SOUFFLOT ET RUE TOULLIER, 13

1911

AVANT-PROPOS

Il nous a paru intéressant d'étudier les institutions patronales et en particulier leurs résultats en Lorraine en raison du nombre important d'industries existant dans cette région. Le nombre des ouvrages concernant cette question est très restreint. L'ouvrage le plus récent est de M. Brice (1). Il ne présentait pour notre étude qu'un intérêt peu considérable, parce qu'il ne concerne que dans une faible mesure, la Lorraine. L'auteur a en effet étendu son enquête aux institutions patronales de toute l'Europe et a donné une place très faible à celles existant en Lorraine.

Les documents publiés à l'occasion de l'Exposition de Nancy de 1909 nous ont aussi été de la plus grande utilité ; leur nombre en est malheureusement assez faible ; ils ne concernent en effet que 23 industries, et sur ces 23 industries, 13 seulement appartiennent à la région lorraine.

Les renseignements que nous avons pu obtenir sur les autres industries nous ont été fournis pour la presque totalité par les industriels eux-mêmes. Nous devons les en remercier d'autant plus vivement, que

(1) Brice, *Les institutions patronales*, Paris, 1895. Rousseau, éd. in-8°.

nombreux sont ceux qui ont cru devoir s'abstenir de toute réponse, soit par modestie, soit parce que le nombre de leurs institutions patronales était notoirement insuffisant. Nous avons pu nous procurer des renseignements relatifs aux institutions patronales de 55 industries, dont 23 pour les mines et la métallurgie, et 16 pour les produits chimiques.

INTRODUCTION

Nous avons cru devoir étudier la valeur des institutions patronales et les résultats de l'enquête dans l'introduction pour réunir en un tout homogène les documents concernant les différentes industries.

Nous diviserons notre introduction en deux chapitres. Dans le premier, nous étudierons la valeur des Institutions patronales en général, dans le second nous étudierons en particulier les plus importantes d'entre elles, à savoir les institutions de prévoyance concernant la vieillesse et la maladie, les institutions d'épargne, les logements ouvriers, les institutions concernant le bien-être moral de l'ouvrier.

Caractères de l'institution patronale.

Quelles institutions comprendrons-nous dans notre étude : voyons à cet effet quels sont les caractères de l'institution patronale. Les institutions patronales sont des prestations en nature ou en argent accordées à leur personnel à titre volontaire et facultatif. Nous pouvons par là les distinguer du salaire qui est une redevance due par heure ou par jour, à la pièce ou autrement. Le salaire est une dette due par le patron, l'institution patronale est un avantage dont il aurait pu s'abstenir. Aussi exclurons-nous de notre étude la question du salaire, quelle que soit la forme sous laquelle il se présente. C'est ainsi que nous n'étudierons pas la participation aux bénéfices, lorsqu'elle tendra à rémunérer exclusivement le travail de l'ouvrier.

Nous exclurons de même toutes les institutions qui résultent de la loi, car pour celles-là, il n'est aucun doute, elles ne sont pas dues au bon vouloir du patron, à moins que le législateur n'ait laissé à l'industriel une grande liberté d'action. Le caractère volontaire apparaît de nouveau dans la mesure où il aura le choix des moyens. Suivant qu'il adoptera l'une ou l'autre combinaison, il en résultera pour lui des sacrifices pécuniaires plus ou moins considérables. Tel est le cas des caisses de secours des ouvriers mineurs par exemple : la loi de juin 1894 impose au patron une contribution à l'alimentation de la caisse de secours, mais "e stipule que l'exploitant pourra prendre à sa charge une fraction supérieure à la moitié du versement de l'ouvrier. Elle lui impose en outre cette obligation pour les ouvriers mineurs, mais elle le laisse libre d'étendre aux ouvriers non mineurs le bénéfice de cette mesure.

On peut donc caractériser l'institution patronale en disant qu'elle se présente comme une libéralité qui n'a pas pour objet de rémunérer le travail.

Classification des institutions patronales.

Les institutions patronales ont pour but de satisfaire les différents besoins de l'ouvrier. Ceux-ci peuvent servir de base à notre classification.

I. — Institutions concernant le bien-être matériel et présent de l'ouvrier.

Cette catégorie peut comprendre toutes les institutions destinées à satisfaire ses besoins au jour le
jour, telles que celles relatives à son logement, à son
alimentation, etc.

II. — Institutions de prévoyance.

Ce sont celles concernant le bien-être futur de l'ouvrier dans le cas où il deviendrait malade ou trop
vieux pour travailler ; rentrent dans cette catégorie les
institutions de retraites pour la vieillesse, les institutions établies dans le but de lui assurer un capital en
cas de crise, les caisses de maladie destinées à subvenir à des besoins accidentels et passagers.

III. — Institutions concernant le bien-être moral.

Rentrent dans cette catégorie toutes celles qui tendent à développer son intelligence et la moralité de
l'ouvrier : écoles, sociétés de musique, institutions
dans le but de combattre l'alcoolisme, etc.

CHAPITRE PREMIER

POURQUOI LES INDUSTRIELS ONT-ILS FONDÉ DES INSTITUTIONS PATRONALES.

Il semble que les industriels aient obéi à des mobiles d'ordre bien différent, lorsqu'ils ont fondé leurs institutions patronales.

Tantôt ils ont agi, mus par le sentiment du devoir, tantôt ils ont agi dans l'intérêt de l'ouvrier, tantôt ils ont agi aussi bien dans l'intérêt de leurs ouvriers que dans leur intérêt personnel. Ce sont ces trois points que nous allons étudier dans trois sections différentes.

SECTION I. — Devoirs des industriels.

Certains industriels ont fondé des institutions patronales, parce qu'ils ont compris que ceux qui détiennent la puissance contractent de ce fait l'obligation de contribuer dans cette mesure à l'intérêt général. Cette théorie est aussi vraie dans les domaines financier, politique et industriel. S'agit-il des gouvernants, ayant dans leurs mains une force politique supérieure à celle des individus, ils contractent de ce fait l'obli-

gation de contribuer plus que tous les autres à l'intérêt général, à tel point que l'emploi de la force qu'ils
détiennent ne se légitime que dans cette mesure.

Il en est de même des industriels, ils possèdent
une puissance financière et morale considérable, ils
contractent de ce fait l'obligation de contribuer dans
cette mesure à l'intérêt général. Aussi est-ce cette
considération qui les a poussés parfois à consentir des
sacrifices en faveur d'œuvres d'intérêt général telles
que le logement, les institutions d'enseignement scolaire et professionnel, les institutions qui tendent à
enrayer les progrès de l'alcoolisme, telles que celles
qui tendent à le secourir quand il est tombé dans la
misère, telles que celles qui tendent à préparer des
soldats robustes comme les sociétés de préparation
militaire par exemple.

C'est surtout dans les rapports entre patrons et
ouvriers que cette force morale et financière se manifeste : le patron a en effet sur l'ouvrier une force
financière et morale incontestable, il a des capitaux
considérables et une instruction plus développée que
ne possède pas au même degré celui-ci. Cela est si
vrai, que le législateur a cherché à rétablir l'équilibre
entre ces deux forces inégales en favorisant les syndicats professionnels par la loi du 21 mars 1884, que
des projets de loi ont été déposés dans le but de favoriser les conventions collectives de travail, que
quelquefois même, il a admis la lésion comme vice

susceptible d'annuler le contrat de travail (1). Cette force existant à l'encontre des ouvriers, les industriels contractent de ce fait une obligation morale d'intercéder en leur faveur, parce que c'est à ceux qui détiennent la puissance, de protéger ceux qui sont faibles, chacun dans la mesure de ses moyens.

L'Etat le fera par les lois qu'il édicte, et en matière industrielle nombreuses sont les lois qui sont intervenues dans ce sens, l'industriel agira de son côté par les moyens dont il dispose. Ceux-ci, d'ailleurs, ne diffèrent bien souvent que fort peu de ceux qu'emploie le législateur, si ce n'est par l'étendue de leur application : ainsi le règlement de retraite imposé par un industriel à ses ouvriers ressemble en tout point à une loi de retraite imposée par l'Etat à tous ses travailleurs.

Et dans sa sphère, l'industriel doit être encore mieux placé que le législateur pour aider l'ouvrier, parce qu'il connaît mieux que lui tous ses besoins, il appréciera donc encore davantage la solution à apporter à chaque situation. Etant donc mieux placé pour apporter un remède à certaines situations, la responsabilité qui lui incombe de ce chef serait d'autant plus grande s'il ne s'en acquittait pas. C'est au fond cette idée qui a inspiré tous ceux qui voient dans l'ouvrier autre chose qu'un instrument de travail. L'ouvrier

____

(1) Code civil allemand, art. 138.

est une personnalité humaine ; si donc le salaire est insuffisant à nourrir son homme, il est du devoir de l'industriel, lorsque sa situation morale et financière le lui permettent, d'y remédier.

Aussi, parmi ceux qui ont fondé des institutions patronales, nombreux sont ceux qui ont été influencés par cette considération. C'est ainsi qu'on peut lire, dans l'introduction à la notice relative aux institutions patronales des Aciéries de Longwy, cette phrase de Dolfus : le fabricant doit à ses ouvriers autre chose que le salaire. Cette idée a gagné à sa cause un nombre d'autant plus considérable d'industriels, qu'elle a été officiellement consacrée par l'Église catholique. C'est surtout l'encyclique *Rerum Novarum* de mai 1891, qui provoqua l'éclosion d'institutions patronales nombreuses. Nous y lisons en effet : « Quant aux riches et aux patrons, ils ne doivent point traiter l'ouvrier en esclave... Ce qui est honteux et inhumain, c'est d'user de l'homme comme d'un instrument de lucre, de ne l'estimer qu'en proportion de la vigueur de ses bras. » Et plus loin : « Que le patron et l'ouvrier fassent donc tant et de telles conventions qu'il leur plaira, qu'ils tombent d'accord notamment sur le chiffre du salaire ; au-dessus de leur libre volonté, il est une loi de justice naturelle, à savoir que le salaire ne doit pas être insuffisant à faire subsister l'ouvrier sobre et honnête. »

Ainsi est consacrée l'opinion d'après laquelle le

paiement du salaire ne libère pas le patron, de là on peut déduire pour celui-ci l'obligation de s'intéresser au développement intellectuel, moral et matériel de l'ouvrier.

Cette obligation pour le patron d'intervenir ainsi en faveur de l'ouvrier peut avoir encore un autre fondement : l'ouvrier peut dans une certaine mesure rendre le patron responsable de l'insuffisance des salaires qui seraient dus à l'emploi des machines nouvelles par exemple. Celles-ci peuvent en effet lui être nuisibles en le réduisant au chômage : les économies, que les machines permettent de faire réaliser soit au producteur, soit au consommateur, peuvent être utilisées après un temps plus ou moins long et dans un pays tout à fait différent de celui habité par l'ouvrier et que la machine a remplacé. Le travailleur ne pouvant se déplacer avec la même facilité que ces capitaux, il en résultera une cessation brusque du travail : les offres de travail se multiplieront et le salaire en sera réduit. Les machines lui font une concurrence si redoutable que, bien souvent, elles ont provoqué des grèves. Les machines peuvent lui être d'autant plus nuisibles qu'elles ne lui font pas toujours retrouver, comme consommateur, les diminutions de salaires qu'elles lui font subir. Si, en effet, les machines diminuent le coût de production des produits, et par conséquent le prix de vente, il peut arriver que l'ouvrier n'en profite pas, si le produit en question ne rentre pas dans sa consommation. Il suffit de citer l'exemple donné par M. Gide (1) : la fabrication de certaines dentelles à la mécanique a pu en abaisser le prix, mais comme la pauvre femme qui les faisait n'a pas l'habitude de s'en parer, cela ne la dédommage en aucune façon.

Si donc on enlève à l'ouvrier une partie de son salaire, il est juste qu'on le lui restitue sous une autre forme. Cette responsabilité n'incombe pas d'ailleurs en totalité à l'industriel, car le consommateur profite lui aussi de la diminution du prix de revient des produits, due à l'introduction de machines. Comme on ne peut déterminer avec précision la part de responsabilité de chacun, il ne peut être question d'imposer au patron l'obligation de payer un salaire plus élevé, aussi la meilleure solution est-elle de laisser à l'industriel toute liberté soit pour dédommager l'ouvrier en le faisant bénéficier d'une hausse de salaire ou d'une institution patronale.

Quant aux écoles socialistes, elles ont fait reposer l'obligation à créer des institutions patronales, sur un autre fondement. Elles affirment en effet que l'institution patronale n'est qu'une restitution. En effet, l'industriel paye l'ouvrier à sa valeur d'échange et reçoit de lui sa valeur d'usage. Cette dernière étant supérieure à la valeur d'échange, il bénéficie

(1) Gide, *Economie politique*, p. 94, Paris, 1909, gr. in-8°. Larose, éd.

de la différence. Si donc il emploie une partie de ce profit dans l'intérêt de l'ouvrier, il ne fait que restituer à l'ouvrier la partie du salaire qu'il a ainsi spoliée. Vaillant résumait cette thèse à la Chambre des députés, de la façon suivante : « La critique socialiste démontrait l'insignifiance de cette infime restitution sous forme de secours, d'une fraction de richesses qu'avait créées et dont était dépouillée la classe ouvrière qui réclamait non de prétendus bienfaits, mais son droit. »

SECTION II. — Intérêt de l'ouvrier.

Il nous faut voir dans cette section si les institutions patronales sont favorables aux intérêts de l'ouvrier. Nous nous demanderons à cet effet si elles ne représentent pas une partie de son salaire ; nous verrons ensuite si, étant une partie de son salaire, il ne vaudrait pas mieux remplacer l'institution patronale par un salaire plus élevé.

§ 1. — L'institution patronale est elle une forme du salaire.

Les industriels ont fondé des institutions patronales dans l'intérêt de leurs ouvriers. Leur but a été d'augmenter leur bien-être matériel et moral, ils ont cherché à augmenter les ressources de leur budget en développant chez eux l'esprit d'épargne et en les gratifiant de subventions en nature et en argent.

Il en est résulté pour les industriels des dépenses considérables qui se chiffrent quelquefois à 62 0/0 du dividende (1), la question est de savoir si la totalité de ces dépenses constitue de leur part une libéralité et des sacrifices sans compensation pour eux. Nous devons nous demander si l'ouvrier n'est pas pour partie l'auteur de la libéralité qu'on lui alloue, et cela parce que l'institution patronale représenterait une partie de son salaire.

Il semble que l'institution patronale soit, dans une certaine mesure tout au moins, comme le salaire, une prestation due par le patron à titre de rémunération de son travail. Voyons en effet ce qui se passe dans la réalité : un certain nombre de phénomènes et en particulier l'intérêt personnel, contribuent à déterminer le prix. Nous allons étudier comment cette force psychologique et subjective agit sur le salaire : d'une part, l'industriel qui demande du travail, offre à l'ouvrier un prix déterminé ; celui-ci, pour en apprécier la valeur, tiendra compte non seulement du prix qu'on lui offre, mais encore des avantages que lui donneront les différentes institutions patronales fondées par l'industriel. L'estimation en variera suivant les individus : les uns apprécieront davantage

(1) Compagnie des chemins de fer de l'Est.

les retraites ouvrières dans une région donnée, parce que les gens y vivent d'ordinaire très vieux. Dans une autre région, ils estimeront davantage les frais médicaux, parce qu'ils deviennent souvent malades ; ailleurs ils attacheront plus d'importance aux logements confortables qu'on leur offre. Toutes ces institutions agiront sur leur détermination et les amèneront à accepter le salaire en argent qui leur est offert.

Il est bien certain que si tous ces avantages n'avaient pas existé, l'ouvrier eût refusé le prix offert pour exiger unsalaire plus élevé.

La situation est la même lorsqu'il s'agit d'institutions patronales qui n'obligent pas le patron : la possibilité d'avoir une retraite, d'obtenir des allocations en argent s'il devient malade, tendent à faire consentir à l'ouvrier une réduction de son salaire. Tout ce qu'on peut dire, c'est que les réductions qu'il consentira seront moins fortes, lorsque les avantages promis ne constitueront pas un droit indiscutable. Leur situation est comparable à celle des rentiers qui achètent des valeurs à lot, la possibilité de gagner un lot les amène à consentir une réduction d'intérêt. Plus les chances qu'ils ont de gagner un lot sont grandes, plus les réductions d'intérêt qu'on les amène à consentir sont parfois considérables.

Qu'il y ait ou non un droit sérieux, cette réduction apparaît. Cela est si vrai, que c'est ce procédé qui permet à l'État de réduire le traitement de ses fonctionnaires. Ceux-ci y consentent parce qu'on fait miroiter à leurs yeux les avantages de la retraite. Les industriels eux-mêmes d'ailleurs s'en sont très bien rendus compte, puisqu'ils désignent quelquefois leurs institutions patronales sous la dénomination de salaire en nature(1) et que, d'autres fois, ils les font entrer en ligne de compte dans le calcul des pensions de retraite (2).

Les dépenses faites pour les institutions patronales représentent donc une partie du salaire de l'ouvrier et ne sont pas des libéralités. Cette conclusion ainsi formulée est trop absolue, car il peut y avoir libéralité de la part du patron, toutes les fois que l'ouvrier n'aura pas suffisamment tenu compte des institutions patronales fondées par l'industriel pour la détermination de son salaire. La mesure dans laquelle il n'aura pas apprécié la valeur de l'institution patronale, dont on voudrait le faire bénéficier permettra d'évaluer l'importance de la libéralité.

Pour certaines d'entre elles l'évaluation est facile : nous pouvons ainsi présenter sans exagération les fonds de secours destinés à relever les ouvriers tombés dans la misère comme des libéralités complètes de la part du patron. L'ouvrier ne considère pas ces secours comme un appoint à son salaire, parce qu'il espère bien n'en n'avoir jamais besoin. Pour les au-

(1) Gouvy (*Métallurgie*).
(2) Compagnie de l'Est.

tres la difficulté est plus grande, s'agit-il des institutions concernant son bien-être moral, on peut dire
que les dépenses qu'elles exigent représentent pour
la plus grande partie une libéralité, parce que les ouvriers les estiment assez peu en général. Mais comment évaluer l'importance de la libéralité ? Cela est
impossible.

Pour les institutions concernant son bien-être matériel, pour les institutions de prévoyance, la difficulté est encore plus grande parce que l'utilité en variant
avec chaque industrie, les renseignements donnés
par l'enquête sont insuffisants. On aurait pu établir,
que là où les accidents sont nombreux, la perspective
de toucher l'intégralité du salaire par jour d'absence,
d'être soigné d'une façon remarquable dans les hôpitaux de l'usine, influe sur la fixation du salaire d'une
façon considérable, que là au contraire où les accidents sont peu fréquents, ces institutions seront peu
estimées par l'ouvrier.

§ 2. — Inconvénients de l'institution patronale représentant une partie du salaire.

L'ouvrier ne risque-t-il pas de réduire le salaire
réel auquel il aurait droit, si l'institution patronale
n'existait pas, et cela parce qu'il se trouverait dans
l'impossibilité d'apprécier exactement la valeur pécuniaire de l'institution patronale dont on l'a fait béné-

ficier ? Si l'institution patronale est un salaire en nature, n'est-il pas à craindre que l'ouvrier lui attribue
une valeur exagérée ? L'institution patronale représentant une partie de son salaire, l'ouvrier ne se
trouve-t-il pas dans l'impossibilité de juger si elle est
l'équivalent de cette réduction ? S'il en était ainsi, il
se verrait dès lors diminuer son salaire et par conséquent son bien-être matériel. Il n'en est heureusement pas ainsi. L'objection ne porte pas pour toutes
les institutions patronales qui sont versées en argent,
et elles sont nombreuses : il suffit de citer parmi les
plus importantes les pensions de vieillesse, les allocations journalières de maladie, les allocations d'accouchement. Pour les autres avantages, qui sont
donnés en nature, tels que les frais médicaux et
pharmaceutiques, le logement dans la mesure où il
bénéficie d'une réduction de loyer, il lui est très facile d'en apprécier la valeur. Il lui suffira de voir
combien ses camarades, qui ne sont pas dans l'industrie, paient tous ces avantages.

Mais, dira-t-on, il lui sera difficile d'apprécier la
valeur pécuniaire des œuvres qui ne le concernent
pas directement et personnellement, telles par exemple les sommes données pour la construction d'écoles
ou d'églises. Il risque donc d'être frustré. Il n'en est
rien : il n'est pas à craindre que l'ouvrier leur donne
une valeur exagérée capable de l'amener à réduire
son salaire ; il considérera si peu ces œuvres comme

des appoints à son salaire qu'il en niera souvent complètement l'utilité (le peu de succès des écoles ménagères dans certaines industries en est bien la preuve), et même s'il en reconnaît l'utilité, n'en profitant pas directement, il ne les considérera pas comme un supplément de salaire.

Mais étant un salaire en nature au moins pour partie, l'institution patronale, ne risque-t-elle pas de porter atteinte à son indépendance et par là indirectement à son bien-être matériel ? On peut dire en effet que le salaire en nature privant l'ouvrier d'une partie de son salaire en argent, le met ainsi dans l'impossibilité de quitter l'usine quand il lui plaît. Le patron peut dès lors lui imposer les conditions les plus rigoureuses et en particulier une réduction de salaire.

Ce danger n'est pas à craindre parce que l'ouvrier touche une partie de son salaire en argent suffisante pour le rendre indépendant : l'ouvrier, en effet, ne sacrifiera jamais son salaire argent au salaire institution patronale, surtout quand il est jeune. Les jeunes, en effet, sont peu prévoyants et attachent une importance considérable au salaire argent pour pouvoir en profiter immédiatement et le consacrer à leurs plaisirs. Ils exigeront donc et avant tout un salaire en argent suffisant.

La preuve que les institutions patronales n'ont pas été accompagnées d'une réduction des salaires est

la hausse continue de ceux-ci pendant tout le xixᵉ siècle. Le graphique exposé à l'Exposition universelle
de 1900 par l'Office du Travail donne les chiffres
suivants de la hausse des salaires en France.

Année 1806. 45
— 1856. 61
— 1860. 70
— 1900. . . . . 103.

Ce qui correspond à une hausse de 129 0/0.
D'après une statistique officielle de même source,
qui va jusqu'à 1906 mais qui remonte jusqu'à 1853,
rien que pendant cette dernière période les salaires
ont augmenté de 110 0/0. Mais cette hausse des salaires est en partie nominale en raison de la dépré-
ciation de l'argent : la monnaie a perdu depuis un
siècle une partie de sa valeur et a entraîné une hausse
générale des prix. Il est vrai que depuis 1880 une
baisse de prix sensible lui a succédé, et en particulier
pour les denrées, telles que le sucre, le pain, le vin,
pour les articles manufacturés, tels que les vêtements.
D'autres, par contre, ont augmenté dans des proportions considérables : les produits alimentaires tels que
la viande, les légumes, le lait, le beurre, etc., ou encore le prix des loyers.

La vie matérielle a augmenté d'un tiers, les salaires nominaux ayant plus que doublé, la différence
représente la hausse réelle. M. Gide évalue à 150 0/0

la hausse nominale et de 110 à 120 0/0 la hausse réelle.

Cette hausse des salaires est aussi élevée en Lorraine : aux Aciéries de Longwy, le salaire annuel par ouvrier était de 1.100 francs en 1886, de 1.300 francs en 1896, de 1.500 francs en 1906, de 1.700 francs en 1908. Les salaires minima étaient de 3.524 francs en 1890 et de 4.750 francs en 1908, les salaires maxima de 4.061 francs en 1890, et de 5.480 francs en 1908. En résumé de 1890 à 1908, le salaire minimum moyen des ouvriers a subi une augmentation de 34,79 0/0, et le salaire maximum une augmentation de 34, 94 0/0. Il en est de même à la Société des Hauts-Fourneaux et Fonderies de Pont-à-Mousson. Le montant total des salaires pour l'année 1908 est le quintuple de ce qu'il était pour l'année 1888. En 1878, le montant des salaires a été de 1.289.044 francs pour 1.159 ouvriers, soit un salaire moyen de 1.110 francs.; en 1889, de 1.470.835 francs pour 1.238 ouvriers, soit un salaire moyen de 1.190 francs ; en 1900 le salaire moyen était de 1.330 francs et en 1908 de 1.550 francs. Le montant total des salaires pour l'année 1908 était quintuple de ce qu'il était pour 1888. Il en est de même à la Société Gouvy, le salaire journalier moyen pour les années 1876, 1886, 1894, 1900, 1906 et 1908 a été respectivement de 2 fr. 75, 2 fr. 93, 3 fr. 24, 3 fr. 36, 3 fr. 82, 4 fr. 01. Cette hausse s'est aussi produite à la Société Solvay où on a introduit la journée de 8 heures pour les ouvriers des postes où le travail est continu de jour et de nuit, depuis le 1er avril 1908 ; et aux cristalleries de Baccarat où le salaire des ouvriers s'est élevé de 3 fr. 25 en 1878 à 4 fr. 81 en 1899.

§ 3. — Avantages de l'institution patronale représentant une partie du salaire.

Si l'institution patronale est une partie du salaire, ne vaut-il pas mieux remettre intégralement à l'ouvrier le montant du salaire en argent auquel il a droit ? Il semble que non, et cela en raison des avantages qu'assure l'institution patronale et que ne procurerait pas le salaire.

Il semble en effet :

1° Qu'elle soit un correctif aux inconvénients de la loi de l'offre et de la demande qui détermine le montant des salaires ;

2° Qu'elle assure des résultats financiers supérieurs, au point de vue du budget de l'ouvrier, parce qu'elle remédie à l'imprévoyance de l'ouvrier et parce qu'elle lui donne des avantages qu'il ne pourrait se procurer par l'association des capitaux, en raison des difficultés que le patron rencontrerait pour l'obliger à verser des cotisations suffisantes.

1

Voyons comment l'institution patronale peut être un correctif aux inconvénients de la loi de l'offre et de la demande : elle a sur le salaire l'avantage de prendre pour la fixation de son montant une base différente. Tandis que celui-ci est proportionnel au travail, l'institution patronale, au contraire. peut avoir une base toute différente qui est susceptible de varier avec le but poursuivi par l'industriel. Veut-il favoriser les familles nombreuses, il remédiera par les institutions patronales les plus variées, aux inconvénients de la loi de l'offre et de la demande, qui fixe à un moment et sur un point donnés un salaire identique pour tous les salariés, qu'il s'agisse d'un homme marié ou d'un célibataire : il accordera des réductions de loyer (1), des allocations de maladie (2), des primes en argent, des allocations à ceux qui accomplissent une période de réserve dans l'armée (3), des pensions de retraite (4), en en faisant varier le montant avec les charges de famille de l'ouvrier.

(1) Solvay, Aubrives-Villerupt.
(2) Aciéries de Longwy, De Pruînes.
(3) Compagnie des chemins de fer de l'Est, Verreries de Portieux.
(4) Gouvy, Société des Hauts-Fourneaux et Fonderies de Pont-à-Mousson. Saline de Rosières-Varangéville.
(5) Gouvy, Solvay.

Veut-il remédier à la situation malheureuse d'un de ses ouvriers qui se trouve accidentellement dans le besoin, il créera un fonds de secours.

Veut-il encourager l'épargne, il mesurera l'importance des avantages accordés avec le montant des sommes déposées.

Veut-il encourager l'hygiène du logement, il donnera des primes à ceux dont les maisons seront les mieux tenues. Veut-il encourager l'élevage d'animaux, il donnera des réductions de loyer à ceux qui s'y seront livrés (5).

Veut-il récompenser un long labeur, il accordera des avantages qui varieront avec le nombre des années de service.

Tous ces avantages disparaîtraient, si on remplaçait par une hausse des salaires, les institutions ainsi accordées et en particulier celles qui concernent ceux qui se trouvent dans des situations difficiles. On arriverait à traiter de la même façon, celui que la fortune a favorisé, celui qui a une nombreuse famille et celui qui est célibataire.

II

L'ouvrier souffrirait autrement de la substitution d'un salaire plus élevé à l'institution patronale, parce qu'il n'utiliserait pas ce salaire plus élevé d'une façon aussi heureuse.

Si on attribuait à l'ouvrier un salaire plus élevé, il s'empresserait bien vite d'en dépenser le surplus au lieu de le consacrer à des œuvres de prévoyance par exemple. Ce danger est d'autant plus à craindre depuis la loi du 7 décembre 1909, qui oblige les patrons à payer les ouvriers tous les quinze jours. Cette imprévoyance de l'ouvrier est un fait que l'enquête permet encore de mettre en évidence. Depuis ces dernières années surtout, il recourt sans scrupule aux caisses, dont l'objet est de lui assurer un secours en cas de maladie ; qu'il soit malade ou qu'il ne le soit pas, il ne se préoccupe guère de la question de savoir si la caisse de secours peut supporter les dépenses qu'il lui impose, si elle pourra encore dans la suite subvenir à ses besoins, lorsque lui et sa famille seront vraiment malades.

Cet état d'esprit s'est manifesté en particulier dans les sociétés de secours mutuels de la Société des Aciéries de Longwy où les dépenses se sont développées d'une façon considérable en peu de temps, dans les mutuelles de la Société Gouvy, de la Teinturerie de Thaon, de la Société Alsacienne de Constructions métalliques de Belfort, dans lesquelles les ouvriers n'ont pas hésité à mettre la caisse en déficit pour satisfaire des besoins qu'ils n'avaient pas.

Cette imprévoyance s'est encore manifestée à l'occasion des pensions de retraites : c'est ainsi qu'aux Aciéries de Longwy, les ouvriers se sont abstenus de se faire inscrire pour faire valoir les droits qu'ils pourraient avoir plus tard à une pension de retraite.

III

En admettant même qu'on remette à l'ouvrier un salaire plus élevé et qu'il l'utilise dans le même objectif que les institutions patronales, il n'en tirerait pas le même profit. Il est certain que si l'ouvrier devait se procurer isolément les avantages que lui donnent les institutions patronales avec le salaire plus élevé qu'il obtiendrait s'il n'y avait pas d'institutions patronales, il n'y arriverait pas. Celui-ci ne suffirait certainement pas à payer ses frais médicaux et pharmaceutiques, entre autres.

Ces deux arguments peuvent, il est vrai, être facilement réfutés en exigeant d'une part une retenue plus élevée sur les salaires et en rendant d'autre part l'assurance collective. On remédierait ainsi à l'imprévoyance de l'ouvrier par les retenues obligatoires sur son salaire. Les retenues versées collectivement, permettraient d'obtenir des avantages, dont le coût serait aussi réduit que celui des institutions patronales.

Mais cette retenue est-elle possible de la part du patron ? Il semble que l'industriel ne pourrait retenir sur le salaire ainsi augmenté de l'ouvrier une somme équivalente à la hausse du salaire et correspondant aux sacrifices consentis par eux pour leurs institutions patronales, dans le cas où l'ouvrier n'y consentirait pas.

La loi du 12 janvier 1895 sur l'insaisissabilité des salaires ne permet en effet au patron que de saisir le dixième du salaire et encore sur ce dixième, il n'a aucun privilège, mais vient en concours avec d'autres créanciers, elle leur permet en outre de se faire céder un autre dixième. L'industriel ne pourra donc exercer de droits certains que sur le dixième cédé par l'ouvrier ; or il est certain qu'il ne suffira pas pour le couvrir des dépenses qu'exigeraient les différentes institutions patronales. Cela est si vrai, que ces dernières représentent déjà souvent plus du dixième du salaire sans qu'on tienne compte de la contribution ouvrière. Ses droits sur le dixième cédé peuvent même être encore réduits, lorsque la retenue échoit à un moment où l'ouvrier a déjà consenti d'autres cessions.

Il a été soutenu, il est vrai, que les retenues sur les salaires n'étaient pas soumises à cette loi. Et on a invoqué à cet effet un arrêt de la Cour de cassation (Ch. civ. du 18 mai 1909) : il s'agissait dans l'espèce d'une entreprise dans laquelle fonctionnait une société de secours mutuels, à laquelle l'affiliation était obligatoire par suite du contrat de travail usuel et réglementaire : un ouvrier réclamait à l'employeur le paiement de la cotisation que celui-ci avait retenue sur le salaire. Il alléguait qu'il n'avait jamais souscrit l'engagement de se conformer aux statuts de la société de secours et que, par suite, l'employeur ne pouvait se prétendre libéré du paiement du salaire par un versement effectué sans l'autorisation de celui-ci. Le conseil de prud'hommes de Saint-Étienne admit la prétention de celui-ci, parce que l'employeur ne justifiait pas d'une convention intervenue entre lui et l'ouvrier autorisant la retenue sur le salaire. La Cour de cassation cassa ce jugement parce que l'affiliation à la société de secours impliquait nécessairement l'acceptation des statuts de celle-ci, et par suite l'autorisation donnée à l'employeur de retenir sur le salaire la cotisation mutualiste. En d'autres termes, l'adhésion aux statuts d'une société de secours mutuels, qui spécifient la retenue de la cotisation par le patron, confère à celui-ci le droit d'effectuer la retenue. La Cour ne se basait d'ailleurs que sur l'article 1134 du Code civil.

On ne saurait donc invoquer cet arrêt, la Cour n'ayant fait qu'invoquer l'article 1134, sans statuer sur le point de savoir si la retenue excédait ou non le dixième cessible.

La doctrine avait, il est vrai, admis qu'on pouvait lui retenir plus que les trois dixièmes ; et elle invoquait un argument de fait qu'elle présentait de la façon suivante : le législateur n'a jamais eu l'intention de s'opposer à la création et à l'alimentation des sociétés de secours organisées par les patrons ; or les difficultés que rencontrerait l'exécution des retenues serait un obstacle au fonctionnement des dites sociétés.

Elle invoquait en outre un argument de texte : la loi du 27 décembre 1895 sur les caisses de retraites, de secours et de prévoyance au profit des employés et ouvriers prévoit dans son article 3, des retenues sur les salaires des ouvriers et cela sans limitation de sommes ; elle les ignore si bien qu'elle en exige le versement à des caisses soit publiques, soit officiellement autorisées et administrativement surveillées : or cette loi est postérieure à la loi précitée qui définit la quote-part cessible du salaire.

Il est facile de répondre à ces deux arguments.

1° A l'argument de fait : le législateur, s'il n'a pas voulu entraver le fonctionnement des sociétés de secours créées dans les entreprises, n'a pas voulu que l'ouvrier pût être privé par des tiers d'une partie excessive de son salaire : or la société de secours mutuels est un tiers assimilable aux autres ; dès lors, l'ouvrier n'est pas admis à consentir à la société de secours plus que la cession du dixième légal. On pourrait objecter que la cotisation n'atteint pas 10 0/0 du salaire, et que par suite la question ne se posera pas en pratique, puisque la cession que l'ouvrier fera de la cotisation sera toujours valable comme comprise dans la limite légale. Mais la cotisation peut échoir à une époque, où l'ouvrier a fait d'autres cessions et où le cumul de celles-ci avec la cotisation peut excéder le maximum du dixième.

2° A l'argument de texte on peut répondre : l'article 3 de la loi du 27 décembre 1895 a sans doute prévu des retenues sur le salaire sans en limiter le taux ; mais c'est précisément parce qu'il n'en a point visé le taux qu'il ne déroge en rien à la limitation générale fixée par la loi du 12 janvier 1895 : en un mot, tant qu'à une paye l'ouvrier ne cède pas plus du dixième de son salaire, la cession est légale, et cela quelle que soit la forme sous laquelle elle est effectuée, c'est-à-dire lors même qu'elle résulte d'une convention préalable, par laquelle l'ouvrier abandonne par avance une quote-part de son salaire. en vue de la prévoyance.

Ainsi, antérieurement même à la loi de 1909, le patron ne pouvait faire supporter à l'ouvrier une retenue sur les salaires que dans les conditions suivantes : il se fait céder une partie du salaire, par exemple dans une clause du contrat de travail, il verse d'avance la cotisation et la recouvre sur l'ouvrier (art. 5), les deux procédés peuvent être employés simultanément, de telle sorte que si l'ouvrier a dû céder au profit d'autres tiers le dixième cessible, le patron peut, par le deuxième procédé, retenir le dixième du salaire, mais le deuxième procédé peut, comme le premier, devenir insuffisant si le patron a effectué, par ailleurs, à l'ouvrier des avances atteignant le dixième légal. En ce cas, la seule solution est de remettre le salaire à l'ouvrier et de laisser à celui-ci le soin de verser librement lui-même sa cotisation à la société de secours mutuels. La loi du 7 décembre 1909 a confirmé et soutenu cette interprétation. En effet, elle spécifie dans son article premier que l'ouvrier doit être payé en monnaie légale. L'intérêt de cette loi est qu'elle édicte des sanctions qui n'existaient pas avant. En effet antérieurement à la loi de 1909, un patron aurait pu remettre à l'ouvrier un salaire, déduction faite de la cotisation, et joindre aux espèces le récépissé de la cotisation fourni par le trésorier de la société.

Ce qui confirme cette solution, c'est l'abrogation de l'article 3 de la loi de 1895 par la loi du 5 avril 1910 sur les retraites ouvrières et paysannes. De ce chef, le législateur a fait tomber l'argument de texte étudié ci-dessus et il a réglementé par cette même loi les conditions dans lesquelles des retenues peuvent être effectuées sur les salaires.

En résumé, lorsqu'un patron a organisé dans son usine une société de secours mutuels et que le contrat de travail entraîne l'affiliation obligatoire des ouvriers à cette société, il doit, lors de chaque paye, arrêter le compte de l'ouvrier, en ne retenant que deux dixièmes au plus, l'un à titre de cession volontaire, l'autre à titre de remboursement d'avances et patron, si ces deux dixièmes ne sont pas encore absorbés par d'autres opérations. Il doit donc lui remettre les huit dixièmes de son salaire ou sept dixièmes, si un autre dixième a été saisi par d'autres créanciers.

Il est passible, depuis 1909, d'une amende en plus des dommages-intérêts dans le cas où il enfreindrait ces prescriptions (1).

Ainsi donc, la retenue sur le salaire de l'ouvrier ne peut s'opérer que dans une faible mesure. Son consentement sera nécessaire, dès qu'on voudra lui imposer des retenues dépassant les limites ci-dessus.

Nous avons supposé les retenues effectuées au profit d'une société de secours mutuels; la même solution doit-elle être adoptée quand il s'agit de retenues opérées par le patron pour des avances faites par lui à l'ouvrier. Nous avons examiné la question pour les institutions de prévoyance, mais elle se pose de la même façon pour toutes les avances consenties par l'industriel. Celles-ci revêtent les formes les plus diverses : tantôt, il s'agit d'avances fournies en nature comportant les affectations les plus diverses, depuis le logement ou la culture, soit sous la forme de propriétés, de maisons, terres ou jardins que l'ouvrier acquerra par des paiements échelonnés, soit sous

(1) M. Bellom, *La loi du 7 décembre 1909 sur le paiement des salaires des ouvriers et employés. Questions pratiques de législation ouvrière et d'économie sociale.* Septembre-octobre 1910, p. 240.

l'aspect d'une jouissance à titre de bail, dont l'ouvrier doit simplement le loyer jusqu'aux objets de consommation courante ; tantôt ce sont des avances en argent, que l'industriel consent à ses ouvriers.

Pour toutes ces avances opérées par le patron, la même solution s'impose. La loi du 12 avril 1895, article 4, lui refuse le droit d'opposer la compensation légale à l'ouvrier, ou de retenir, malgré lui, sur son salaire, le montant des avances consenties.

La Cour de cassation (1) lui refuse ce droit, même lorsque l'ouvrier y a consenti. Elle a décidé que les dispositions des articles 4 et 5 de la loi du 12 avril 1895 étaient d'ordre public ; que, dès lors, toute convention contraire est nulle, aussi bien celle faite avant le paiement, que celle qui lui est concomitante, et que notamment le paiement intervenu entre le patron et l'ouvrier au moment du paiement ne saurait faire obstacle à la répétition des sommes indûment retenues par le patron.

Cette interprétation de la loi a rencontré une opposition très vive dans la doctrine (2), car si le législateur a interdit la compensation légale, s'il a voulu empêcher des actes de main-mise sur le salaire, ayant

____

(1) 21 juillet 1909, S. 1910.1.113 ; 1er juin 1910, S. 1910.1. 417.

(2) Consultations MM. Gény, Lyon-Caen, Weiss ; Cour de cassation, *Mémoires et Documents* pour MM. Vermot contre Weiss, Paris, Chaix, éd., 1910, in-4°.

un principe antérieur et ne dépendant plus, lors de la paie, que de la seule volonté du patron, il n'a jamais voulu interdire les règlements conventionnels intervenant entre patrons et ouvriers au moment de la paie.

En admettant que la Cour de cassation modifie sa jurisprudence et reconnaisse la valeur de ces conventions, il faut se demander si l'ouvrier se prêtera facilement aux prélèvements ainsi opérés le jour de la paie.

Mais l'ouvrier y consentira-t-il ? Il acceptera sans doute sans difficulté les retenues concernant les institutions de prévoyance, car il en comprend leur utilité, parce qu'elles le concernent personnellement et directement, mais en sera-t-il de même des institutions concernant son bien-être moral ? Cela est fort douteux, il en contestera même souvent l'utilité ; s'agira-t-il de bibliothèques, il dira qu'il perd son temps à lire des livres qui ne lui servent à rien. Il en sera de même des institutions destinées à combattre l'alcoolisme, il demandera si peu à y contribuer qu'il sera bien souvent le premier à prôner les vertus de l'alcool dont on veut l'éloigner. Il en sera de même du logement : si on le fait bénéficier de loyers plus faibles que ceux de la localité, pense-t-on qu'il vaille mieux lui donner en argent la différence de loyer qui existe entre celui des maisons de la localité et celui des maisons construites par le patron. Le résultat, peut-on dire, serait le même, l'ouvrier pourrait, grâce à cette hausse du salaire, se procurer ailleurs un logement aussi spacieux et aussi hygiénique que celui loué par l'industriel. Non cela n'est guère probable, car il est fort à craindre qu'il ne consacre à ses plaisirs ces sommes qui auraient dû servir à lui assurer un logement sain et confortable.

§ 4. — Inconvénients des institutions patronales par rapport au salaire.

Etudions maintenant les inconvénients qu'elles présentent par rapport au salaire : les institutions patronales ne risquent-elles pas de prêter à l'arbitraire, le patron restant libre d'en faire bénéficier qui il lui plaît.

Il faut à cet effet distinguer deux grandes catégories d'institutions patronales : d'une part celles faisant l'objet d'un contrat et dont les obligations ont été déterminées et précisées, aussi bien que celles résultant du contrat de salaire proprement dit, et d'autre part celles qui dépendent du bon plaisir du patron.

Les premières ont pour type la pension de retraite : tout y est précisé, les conditions pour y avoir droit, le montant de la pension, l'âge auquel l'ouvrier pourra faire valoir ses droits à la retraite, l'importance de la contribution ouvrière. Cette catégorie présente pour l'ouvrier les mêmes garanties que le contrat de salaire. Elle est caractérisée par l'existence d'un règlement, qui enlève toute prise à l'arbitraire, le patron ne pouvant prendre de décisions contraires aux prescriptions du texte.

A l'autre extrémité se trouvent toutes les institutions que le patron accorde comme il lui plaît, sans qu'aucun engagement ne le lie envers l'ouvrier. L'absence d'obligations de la part du patron, laisse à ce dernier une liberté de décision qui peut être préjudiciable à l'ouvrier, dans le cas où le patron en abuserait. Ces dernières institutions ont pour type les fonds de secours institués par les industriels pour aider les familles nécessiteuses. Aucune règle précise ne préside à leur distribution.

Entre ces deux types extrêmes se trouve une quantité de types intermédiaires, qui obligent plus ou moins l'industriel : s'agit-il d'institutions de prêt, il fixera toutes les conditions auxquelles l'ouvrier pourra y recourir, mais il inscrira une clause lui permettant de refuser ce prêt dans certaines circonstances, qu'il est seul juge à apprécier. Dans d'autres cas, il s'engagera à verser des allocations sans en fixer le montant exact. Ces différents types d'institutions patronales ont l'inconvénient de livrer l'ouvrier à l'arbitraire et risquent de consacrer nombre d'injustices : il suffira souvent de la rancune d'un contremaître, plus ou moins bien intentionné à son égard, pour lui enlever le bénéfice d'une institution

auquel sa bonne conduite lui permettait de prétendre. Aussi faut-il leur préférer les institutions du
premier type étudié. Mais ce type peut-il être adopté
pour toutes les institutions patronales ? Il ne le semble pas, car il existe un certain nombre d'institutions
qu'on ne peut réglementer d'avance : ce sont toutes
celles qui concernent des situations particulières.
Tel est par exemple le cas d'un fonds de secours
institué pour relever les familles tombées dans la
misère : la solution ne saurait en être trouvée dans
des textes préalables, mais doit intervenir le jour où
l'espèce se présente. Est-ce à dire que faute de pouvoir préciser les conditions auxquelles seront accordés ces avantages, il doive en résulter un arbitraire
préjudiciable à l'ouvrier, dans le cas où le patron en
abuserait ? Il semble que non : il suffira en effet de
faire solutionner toutes les questions que peut soulever cette institution, par une commission composée à la fois de représentants des ouvriers et des patrons. Ainsi seraient sauvegardés les intérêts des
deux parties en cause.

Même d'ailleurs pour les institutions patronales
pour lesquelles il existe un règlement précis, il est
bon d'avoir une commission composée à la fois des
représentants des ouvriers et des patrons, car même
si toutes les conditions qui permettent d'en bénéficier ont été bien précisées d'avance, le texte qui les
détermine peut toujours soulever des difficultés.

On peut objecter, il est vrai, que ces inconvénients sont seulement théoriques, et on peut invoquer en ce sens les résultats donnés par l'enquête dans certaines industries (1).

Dans certaines usines, en effet, l'arbitraire n'a donné lieu à aucun abus, et même dans certains cas il a été favorable à l'ouvrier : en effet, le renvoi étant, dans l'une d'elles (2), une des clauses susceptibles de priver l'ouvrier du bénéfice d'une institution patronale, le patron n'a opéré le renvoi de ses ouvriers qu'avec la plus grande circonspection. La garantie résulte donc du fait, qu'on ne le renverra plus désormais à la légère.

Est-ce là des cas particuliers qui resteront l'exception, ou au contraire les inconvénients de l'arbitraire sont-ils appelés à disparaître là où ils existent ? C'est cette dernière hypothèse qui nous semble la plus vraisemblable, car, dans le cas où le patron ne ferait pas disparaître de son plein gré les abus résultant de l'arbitraire, il s'y verrait contraint soit par les ouvriers eux-mêmes, soit par les tribunaux.

Il suffit, en effet, d'un petit fait insignifiant pour soulever le mécontentement des ouvriers. Une simple mesure vexatoire, qui prive sans raison un ouvrier d'un bénéfice auquel sa bonne conduite lui permettait de prétendre, ou encore une mesure accordant

(1) Solvay et Cie (Produits chimiques).
(2) Cristalleries de Baccarat.

un avantage injustement mérité à un ouvrier au détriment des autres, seront susceptibles de provoquer de la part des ouvriers un mouvement gréviste. Ils obtiendraient ainsi par la force ce que le patron n'aurait pas voulu leur accorder de son plein gré, à savoir la suppression des abus de l'arbitraire.

Dans un certain nombre de cas enfin, il serait possible aux tribunaux de remédier aux inconvénients de l'arbitraire. Dans le cas où, par exemple, le patron renverrait l'ouvrier pour le priver de ses droits à la retraite, il n'est pas douteux que les tribunaux reconnaîtraient à la charge du patron une faute (délit ou quasi-délit) engageant sa responsabilité dans les termes du droit commun. Ils appliqueraient en conséquence l'article 1780 du Code civil et tiendraient compte dans le calcul de l'indemnité à allouer, de l'importance de la pension dont l'ouvrier aurait été privé ; cet article spécifie en effet que, pour la fixation de l'indemnité, il est tenu compte des retenues opérées et des versements effectués en vue d'une pension à la retraite, et en général de toutes les circonstances qui peuvent en justifier l'existence et déterminer l'étendue du préjudice causé.

On remédie ainsi aux inconvénients de l'arbitraire et on en garde tous les avantages. Ceux-ci sont en effet nombreux tant pour le patron que pour l'ouvrier : celui-là pouvant refuser le bénéfice d'une institution quand il s'agit d'un mauvais ouvrier, celui-ci pouvant bénéficier d'un avantage s'il le mérite, bien que ne remplissant pas les conditions voulues. Cette faculté réservée au patron exclusivement, de résoudre les difficultés qui intéressent les deux parties en cause, a des avantages sérieux et des inconvénients qui sont appelés à disparaître ; il semble que ce soit le régime de l'avenir, c'est la conclusion logique qui devrait en découler, et pourtant, il n'en est rien. Cette solution, en effet, pour avoir de bons résultats, suppose une confiance réciproque entre les parties ; si l'ouvrier taxe d'arbitraires tous les actes patronaux, il en résulte les mêmes inconvénients que si ces actes étaient vraiment arbitraires : l'ouvrier mécontent fera grève. Le patron aura ainsi consenti des sacrifices qui se retourneront contre lui. Mieux eût valu s'abstenir que de créer une institution de guerre dans son usine. En est-il ainsi aujourd'hui ? L'ouvrier interprétera-t-il les actes du patron avec l'impartialité nécessaire ? Il faut distinguer à ce point de vue la grande et la petite industrie.

Dans la petite industrie, on peut obtenir de bons résultats en laissant le patron solutionner seul les questions que soulèvent les institutions patronales : grâce en effet aux rapports personnels que le patron peut avoir avec ses ouvriers, le patron peut exercer sur eux une sorte de puissance paternelle et bienveillante qui lui permet d'imposer ses décisions sans demander l'avis de qui que ce soit et sans risquer de voir pour cela mal interpréter les décisions qu'il rend.

Dans la grande industrie, il n'en est plus de même, le patron se trouve dans l'impossibilité de connaître individuellement chacun de ses ouvriers. Aussi voit-il ses intentions les plus bienveillantes, ses intentions les plus justes accusées d'arbitraire ; l'ouvrier est d'autant plus décidé à marcher dans cette voie, qu'il y est poussé tous les jours par une presse locale dont la fonction est de dénaturer les faits pour jeter le doute dans son esprit.

Que cet état de fait soit heureux ou malheureux, peu importe, il existe et il a été constaté d'ailleurs par un certain nombre d'industriels (1) ; on est donc obligé d'en tenir compte. Le système qui rétablira la confiance entre les deux parties sera le meilleur : c'est celui, semble-t-il, où le patron et l'ouvrier interviennent simultanément pour administrer toutes les institutions et pour solutionner ensemble des difficultés relatives aux avantages à accorder. L'ouvrier aura ainsi toutes les garanties nécessaires. Ce système sera aussi adopté sans doute par les industriels sans une trop grande opposition de leur part, car ils sont aussi intéressés que les ouvriers à éviter des conflits dans leur usine.

Il nous semble, d'autre part, que l'autre garantie accordée à l'ouvrier, à savoir l'existence d'engagements précis et stipulés le plus souvent par écrit, ten-

(1) Gouvy.

dra de plus en plus à se propager, et cela, parce que le patron n'atteindrait pas le but qu'il a cherché en fondant des institutions patronales. L'industriel cherche en effet par ces institutions à assurer la paix sociale (1) dans son usine, en provoquant chez leurs ouvriers de la reconnaissance. Or ceux-ci apprécieront d'autant mieux les sacrifices faits pour eux, que les engagements auront été plus précis. Si le patron ne détermine pas par exemple le montant de la pension de vieillesse à allouer ou s'il en détermine le montant, mais sans s'engager d'une façon ferme à l'en faire bénéficier, l'ouvrier ne lui en saura pas autant gré que s'il était sûr de l'obtenir.

L'industriel en profitera encore à un autre point de vue, parce que la précision de ses engagements lui permet de s'assurer un meilleur personnel. Les ouvriers, en effet, appréciant mieux les avantages qu'on leur donne, quand les engagements sont plus précis, demanderont à être embauchés chez lui en d'autant plus grand nombre. L'industriel pourra être ainsi d'autant plus difficile dans le choix de ses employés et diminuer d'autant plus facilement leur salaire, l'augmentation des offres de travail par rapport à la demande tendant à faire baisser le taux des salaires (2).

(1) Gouvy.
(2) L'État pour ses fonctionnaires, Compagnie des Chemins de fer.

Mais n'est-il pas de l'intérêt du patron de ne pas préciser ses engagements, lorsque les sacrifices consentis par lui sont peu considérables ? Il pourra de la sorte profiter du doute dans lequel se trouveront ses ouvriers ; ceux-ci n'en connaissant pas le montant, ils seront portés à exagérer les sacrifices consentis par le patron.

Ce serait là un mauvais calcul, parce qu'étant donné l'esprit méfiant de l'ouvrier, l'excès contraire serait plutôt à redouter.

SECTION III. — Intérêt du patron.

En résumé, il y a dans l'institution patronale deux parties bien distinctes, l'une représente une partie du salaire de l'ouvrier et l'autre une libéralité. Il faut se demander, si cette partie de l'institution patronale qui ne représente pas une partie du salaire est vraiment un sacrifice pécuniaire de la part du patron ?

Il semble que ces sacrifices ne soient pas faits par le patron sans compensation pour lui, et qu'il se trouve rémunéré plus tard des efforts pécuniaires qu'il a consentis. Les institutions patronales sont, en effet, un moyen pour lui de diminuer ses frais de production, parce qu'elles lui permettent d'avoir un personnel stable. Elles lui permettent en outre d'augmenter sa production, parce qu'elles lui assurent un personnel mieux développé tant au point de vue physique que moral.

Tels sont les deux points qu'il va nous falloir étudier.

I. — Stabilité du personnel.

On ne saurait assez faire ressortir les avantages que présente pour l'industriel la stabilité de son personnel ; un personnel stable lui évite en effet un apprentissage long et coûteux. Si l'ouvrier passe dans la même usine la plus grande partie de son existence, il acquiert de ce fait, par une longue expérience, une habileté exceptionnelle, et de plus son apprentissage n'est plus à refaire, il a été fait une fois pour toutes lorsqu'il est entré à l'usine.

Si les ouvriers changent très souvent, le phénomène inverse se produit : l'industriel obligé de mettre chaque nouveau débutant au courant du travail qu'il devra exécuter, il en résultera ainsi une perte de temps et d'argent, parce qu'il sera obligé de lui consacrer le temps d'un de ses employés pour faire son apprentissage. Il en résultera, d'autre part, pour l'ouvrier une diminution de sa production, parce qu'il lui faudra un certain temps avant d'avoir acquis l'habileté professionnelle nécessaire pour produire autant qu'un ancien ouvrier.

Combien de temps ne faudra-t-il pas à l'industriel pour recupérer les pertes d'argent occasionnées par un travail mal fait.

C'est à cet ordre d'idées que se rattachent toutes les mesures faisant varier le nombre et l'importance des avantages donnés avec le nombre des années de service ; les uns ont ainsi diminué le prix du loyer, les autres ont ainsi accordé des pensions de retraite pour la vieillesse ou des primes d'ancienneté et, d'une façon générale, la plupart des industriels se sont inspirés de cette idée pour établir l'ensemble de leurs institutions, parce qu'ils estiment que l'ouvrier restera là où il trouvera le plus de bénéfices. On peut s'expliquer ainsi le développement considérable des institutions patronales dans les Compagnies de chemins de fer : cette industrie étant en effet une de celles pour lesquelles la régularité du service joue un rôle essentiel, l'inexpérience ou la négligence d'un agent seraient susceptibles d'entraîner les conséquences les plus graves.

On peut encore expliquer ainsi le développement considérable des institutions patronales dans certaines industries d'art (1). Celles-ci sont en effet celles où l'apprentissage est le plus long et le plus coûteux, elles exigent d'autre part des qualités que l'on trouve seulement chez un nombre restreint d'ouvriers. Il est donc de la plus haute importance pour elles de conserver le plus longtemps possible les ouvriers qu'elles ont engagés.

(1) Cristalleries de Baccarat, Manufactures de glaces de Saint-Gobain, verreries de Portieux,. A Portieux, on a dû construire un pensionnat pour apprentis.

Elles permettent en outre de s'assurer un personnel d'élite : les avantages accordés aux ouvriers multipliant les offres de travail, il en résulte pour l'industriel une supériorité résultant pour lui de ce qu'il peut se montrer plus difficile dans le choix de ses employés en embauchant seulement les plus intelligents.

Mais cette stabilité, si elle profite au patron, n'est-elle pas préjudiciable à l'ouvrier. Il semble qu'il n'en est rien ; la stabilité que recherche le patron est également favorable à l'ouvrier, et cela parce qu'il est bon que l'ouvrier reste le plus longtemps possible dans le même établissement. Il peut ainsi s'assurer un domicile fixe et un foyer stable. S'il passe sa vie à aller d'usine en usine, la vie de famille devient impossible.

Restant enfin longtemps dans le même pays, il a, pour l'endroit dans lequel il vit, un attachement qui fait grandir en lui ses sentiments patriotiques. Celui qui n'a de lien nulle part, risque de devenir antimilitariste.

Ces mesures qui tendent à le faire rester le plus longtemps possible dans le même établissement sont, de plus, pour l'ouvrier un encouragement au travail. L'ouvrier voyant ses avantages augmenter avec le nombre des années de service, cherchera à travailler le plus longtemps possible.

L'ouvrier a avantage à rester le plus longtemps

qu'il peut dans la même usine, parce que son renvoi devient plus difficile. L'industriel qui se voit dans l'obligation de congédier des ouvriers, par suite de l'introduction de machines nouvelles dans son usine, commencera par ceux qui ont le moins d'années de service à leur actif.

Les dispositions qui tendent à rendre le personnel plus stable ont aussi pour effet d'améliorer les rapports entre patrons et ouvriers : le patron apprend à mieux connaître et à mieux apprécier les vieux ouvriers que ceux qui restent peu de temps chez lui.

Dans quelle mesure ces institutions patronales ont-elles agi sur la stabilité du personnel, dans quelle mesure les ouvriers ont-ils reconnu les divers avantages à eux offerts par le patron ? Il suffit pour cela de consulter les résultats de l'enquête, on peut se rendre compte que, dans certaines d'entre elles, ils sont excellents ; en effet, le nombre des ouvriers ayant trente années de service s'élève dans certaines d'entre elles à 7 0/0 (1) du personnel, et dans d'autres les quatre cinquièmes du personnel sont stables (2). Dans d'autres (3), les proportions sont à peu près aussi fortes. Que les institutions patronales aient une grande influence sur cette stabilité, ce n'est pas

(1) Manufacture de Saint-Gobain, pour les usines de Saint-Gobain, Chauny et Cirey.

(2) Mines de Moutiers.

(3) Solvay, De Pruines, Cristalleries de Baccarat, Compagnie des Chemins de fer de l'Est, Brasserie de Charmes.

douteux, mais la difficulté est d'apprécier son importance en raison des autres éléments qui agissent sur elle. Nombreux sont les facteurs qui agissent sur l'ouvrier pour le faire rester longtemps dans la même industrie ; tantôt c'est la facilité du travail et le peu de fatigue qui retiennent l'ouvrier ; tantôt c'est le milieu dans lequel il se trouve en raison des liens de famille ou des habitudes qu'il y a prises, tantôt c'est l'impossibilité de trouver dans une autre industrie l'emploi qu'il avait occupé dans l'industrie dans laquelle il se trouvait. Ce dernier cas se rencontre assez souvent en raison de la division du travail. Aujourd'hui, en effet, une division du travail fortement développée oblige nombre d'ouvriers à consacrer leur activité à une parcelle d'un travail donné. Ils ne peuvent dès lors facilement trouver dans une autre industrie un emploi identique à celui qu'ils occupaient dans l'industrie dans laquelle ils se trouvaient antérieurement, à moins qu'il n'y ait dans la région un établissement semblable au premier et manquant justement de ces ouvriers.

II

Les institutions patronales, et en particulier celles qui concernent le bien-être matériel et moral de l'ouvrier sont favorables au patron à un autre point de vue : elles tendent à lui assurer un personnel bien portant et intelligent. Il semble curieux de parler d'intérêt patronal pour des institutions relatives au bien-être de l'ouvrier ; il semblerait que ce dernier soit le seul à en profiter. Le patron pourtant en profite indirectement, parce qu'un ouvrier bien portant et dont on a développé l'intelligence produit plus que celui qui est malingre et peu intelligent, il pourra même de la sorte réaliser des économies en évitant des accidents avec toutes les conséquences pécuniaires qui en dérivent, parce que l'ouvrier fort et intelligent évitera les accidents imputables d'ordinaire aux ouvriers malingres et peu intelligents.

Quelquefois même, elles permettent, a-t-on dit, de diminuer d'une façon considérable les charges financières résultant d'une obligation légale. On fait allusion, d'une part, aux hôpitaux et, d'autre part, aux médecins que l'industriel attache à l'établissement. Celui-ci pourrait ainsi diminuer les conséquences pécuniaires résultant de la loi sur les accidents du travail. Cette allégation repose-t-elle sur un fondement sérieux ?

Est-ce le cas des hôpitaux ? Ceux-ci permettent-ils d'alléger les charges qui incombent au patron en raison de la loi sur les accidents du travail ? Supposons en effet un industriel assuré contre les accidents du travail et n'ayant pas d'hôpital, l'assurance est obligée, en conséquence, de payer les frais d'hospitalisation. Ceux-ci sont très importants : ils s'élèvent pour l'hôpital de Nancy à 3 fr. 50 par jour. Il en résulte dès lors une charge très lourde pour l'assurance. Celle-ci en fera supporter indirectement les conséquences par l'industriel assuré ; elle exigera à cet effet le paiement de primes très élevées. Si l'industriel a, au contraire, un hôpital, l'assurance ayant ses charges diminuées, consentira de ce fait une forte réduction de primes, de sorte que les sommes représentant la différence entre les primes exigées s'il n'y avait pas eu d'hôpital, et les primes ainsi réduites, représentent le montant des économies qu'il réalise ainsi.

On peut s'en rendre compte en prenant pour exemple la Société des Aciéries de Longwy.

Le nombre des journées d'hospitalisation des blessés a été à l'hôpital de la société, de 1901 à 1908, pendant ces huit années, de 58.886 ; le prix d'hospitalisation d'une journée étant, à l'hôpital de Nancy, de 3 fr. 50 par jour, les sommes ainsi payées par l'assurance pour frais d'hospitalisation se seraient élevés à 206.101 francs. Ce chiffre est un peu exagéré, car, parmi ces journées d'hospitalisation, sont comptées celles des femmes et des enfants non occupés à l'usine et auxquels ne s'applique pas la loi de 1898. Il est vrai que la proportion en est très faible : le chiffre des femmes et enfants hospitalisés au service de chirurgie s'est élevé de 1901 à 1908, pour huit années, à 329, et celui des hommes à 1918. Il faut ajouter que les femmes et enfants sont acceptés moyennant une rétribution qui peut être réduite suivant les cas.

Cette combinaison n'eût été possible que dans les industries où le nombre des accidents est très élevé.

Il semble que les faits contredisent absolument cette manière de voir : les frais d'hospitalisation sont en effet beaucoup plus élevés dans les hôpitaux privés appartenant aux industriels, que dans les hôpitaux civils. Les frais d'administration et d'entretien y sont beaucoup plus considérables parce qu'ils se répartissent sur un plus petit nombre de malades, le confort du régime de la pension, une installation modèle y exigent des sacrifices devant lesquels reculent malheureusement la plupart des villes, aussi le prix de la journée de traitement y est bien plus élevé dans les hôpitaux privés. Ainsi aux Aciéries de Longwy, le prix de la journée de traitement s'élève à 4 fr. 25 par jour, tandis qu'à Nancy, ce dernier est de 3 fr. 50. La Société des Aciéries de Longwy aurait donc eu intérêt à s'assurer à une Compagnie d'assurances qui aurait dû payer 3 fr. 50 par jour pour les frais d'hospitalisation. Les primes qu'aurait dû payer de ce fait la Société des aciériés aurait représenté des sommes moins élevées que celles dépensées par elle pour les frais d'hospitalisation.

Et même s'il était possible aux industriels de réduire par leurs hôpitaux, les frais élevés qui résultent de leur responsabilité en matière d'accidents du travail, serait-ce une raison pour le leur reprocher ? Certainement non, car l'ouvrier et le patron y trouvent leur profit : l'industriel d'une part, puisqu'il peut ainsi réduire ses frais généraux, l'ouvrier d'autre part, puisqu'il trouve sur place un confort, qui n'existe pas dans beaucoup d'hôpitaux civils et les villes elles-mêmes qui possèdent des hôpitaux, car elles évitent ainsi un encombrement dont les malades sont les premiers à souffrir. Le consommateur lui-même pourra en profiter : car le prix de revient des produits étant de ce fait diminué, l'industriel pourra lui vendre ses produits à un prix moins élevé.

Un autre moyen pour eux de diminuer les charges légales est de s'attacher un médecin. Là encore, l'intérêt de l'industriel est nettement engagé ; si nous envisageons une industrie qui n'a pas de médecin à son service, on peut voir qu'elle s'assure en général contre les accidents à une compagnie d'assurances. Celle-ci prend donc à sa charge les frais médicaux qu'exige l'ouvrier victime d'un accident du travail. Ceux-ci sont très élevés, il est assez facile de les évaluer, parce que les compagnies d'assurances font une transaction avec le médecin traitant. La somme payée par accident varie, suivant les industries, de 10 à 15 francs, mais les accidents graves donnent droit à des majorations considérables allant quelquefois jusqu'à cent francs pour certaines fractures. C'est ainsi que, pour une industrie des environs de Briey, nous trouvons les résultats suivants : pour un personnel de 500 ouvriers, le nombre des accidents exigeant l'intervention du médecin a été de 80 accidents environ et peu graves en général, les frais médicaux s'étaient élevés de ce chef à 1.500 francs dans une année. C'est donc là une charge considérable pour la compagnie d'assurance qui a dû verser ces sommes au médecin choisi par l'ouvrier.

Si l'industriel s'était attaché un médecin, auquel il eût payé un traitement fixe, il aurait dispensé l'assurance d'une charge considérable. L'assurance en aurait fait bénéficier l'industriel en lui consentant une réduction de ses primes d'assurance.

Lorsque les accidents sont nombreux, l'industriel réalise une économie considérable ; c'est donc là une excellente opération financière pour lui, puisque ses dépenses sont moins élevées lorsqu'il s'attache un médecin que lorsqu'il charge une compagnie d'assurances de payer tous les frais médicaux.

On ne saurait le lui reprocher, car il est tout naturel qu'entre deux combinaisons financières l'industriel choisisse celle qui lui est le plus favorable. Cette combinaison est d'ailleurs aussi favorable à l'ouvrier, que ce soit le médecin de l'industriel ou un autre, l'essentiel est qu'il soit bien soigné sans qu'il ait à bourse délier. Le consommateur lui-même peut être appelé à en bénéficier pour les raisons étudiées ci-dessus : le prix de revient des produits étant ainsi diminué, l'industriel peut les vendre à des prix moins élevés.

Nous pouvons donc dire en résumé que, dans les usines dans lesquelles le nombre des accidents est très élevé, les sommes dépensées pour le traitement du médecin ne représentent pas une libéralité de la part de l'industriel.

Il y a libéralité, au contraire, pour les sommes dépensées pour les hôpitaux dans la mesure que nous avons indiquée ci-dessus : il en est de même des sommes dépensées pour le traitement du médecin dans les usines dans lesquelles les accidents du travail sont peu nombreux (1).

III

L'intérêt qu'a l'industriel à avoir des institutions patronales se manifeste encore à un autre point de vue : l'institution patronale permet de diminuer le montant des salaires en provoquant une multiplication des offres de travail, le nombre des demandes de travail restant constant. C'est un des facteurs qui permet d'expliquer le chiffre si réduit du traitement du plus grand nombre des fonctionnaires. L'attrait de la retraite attire un si grand nombre de candidats

---

(1) C'est le cas, par exemple, des salines et soudières de la région.

que l'Etat en profite pour leur offrir un salaire peu élevé.

La preuve que les industriels ont intérêt à avoir des institutions patronales là où ils les ont fondées est l'absence ou le nombre réduit d'institutions patronales dans la plupart des industries pour lesquelles cet intérêt n'existe pas. Celles-ci les considèrent donc comme inutiles, soit qu'elles estiment que les sacrifices consentis par eux ne sont pas suffisamment rémunérés, soit qu'elles puissent se procurer par d'autres moyens moins onéreux, les avantages inhérents aux institutions patronales. C'est ainsi qu'on peut remarquer bien souvent l'absence d'institutions patronales dans les industries installées dans le voisinage des villes. L'attrait que la ville exerce sur l'ouvrier est suffisant pour assurer à cette usine le bon recrutement de son personnel et lui assurer en même temps un personnel stable. Ainsi peut-on expliquer le nombre très faible des institutions patronales, et en particulier l'absence de maisons dans une industrie aussi considérable que la Société anonyme des Hauts-Fourneaux et Fonderies de Pont-à-Mousson, qui compte quatre mille ouvriers. La notice publiée à l'occasion de l'exposition de Nancy explique autrement, il est vrai, cette absence de maisons ouvrières : la Société, y est-il dit, n'en a pas construit parce que, située dans le voisinage d'une ville, les ouvriers trouvent facilement à s'y loger. Mais il semble que ce ne soit guère le cas pour Pont-à-Mousson où le nombre des habitants occupant un logement d'une pièce est considérable, il s'élève en effet à 5,8 0/0 par rapport à la population totale.

IV

Cet intérêt à avoir des institutions patronales, ressort surtout quand on met en présence la grande et la petite industrie. Celle-ci, ne pouvant avoir un réseau d'institutions patronales aussi développé que la grande industrie, se trouve privée de la plupart des avantages inhérents aux institutions patronales. La petite industrie a un intérêt bien moins marqué à avoir des institutions patronales en raison des difficultés qu'elle rencontre à les instituer : l'organisation de ces institutions coûte beaucoup plus cher proportionnellement que dans la grande industrie et en particulier celles qui concernent les institutions de prévoyance ; s'agit-il de médicaments ; ils sont vendus à des prix moins élevés quand on les achète en grande quantité ; il en est de même des frais médicaux, le prix des consultations et du traitement qu'on exige du médecin est fortement réduit quand le nombre des malades à soigner est très considérable. Le prix de revient est plus élevé dans la petite industrie ; il lui est dès lors, d'autant plus difficile de couvrir ces dépenses par les avantages inhérents aux institutions patronales de la grande industrie.

La petite industrie ne pouvant avoir un réseau d'institutions patronales aussi développé se trouve dès lors dans une infériorité certaine à son égard. Elle se trouve en particulier privée de la possibilité d'acquérir un personnel d'élite, et il lui est difficile de s'assurer un personnel stable : la grande industrie, offrant aux ouvriers un nombre plus considérable d'avantages, attire vers elle la plupart des ouvriers, ce qui lui permet de choisir parmi eux ceux qui sont les plus intelligents et les plus habiles. Cette augmentation des offres par rapport aux demandes peut même lui permettre de réduire les salaires ; il suffit de citer l'Etat et les grandes compagnies de chemins de fer. L'un et l'autre paient à leurs employés des salaires très faibles pour cette raison.

Il en est de même pour la stabilité du personnel : les avantages étant moindres dans la petite industrie, les ouvriers la quitteront plus volontiers. Celle-ci se trouve ainsi privée des avantages pécuniaires, qui résultent de la stabilité de la main-d'œuvre. Malgré ces inconvénients, nous trouvons encore des institutions patronales dans la petite industrie : est-ce une raison pour en conclure qu'elle les a instituées par pur désintéressement, que les sommes dépensées par elle représentent des libéralités dans leur intégralité ? Il semble que non : dans ses rapports avec la grande industrie, c'est pour elle un moyen de remédier aux difficultés du recrutement de son personnel. La hiérarchie et la discipline étant moins fortes dans la petite industrie, seront souvent, à elles seules, insuffisantes pour déterminer l'ouvrier à s'embaucher chez un petit industriel. Il faudra encore que le patron fonde quelques institutions patronales pour amener l'ouvrier à préférer la petite industrie à la grande. On voit donc l'utilité que l'institution patronale de faible importance peut avoir pour le petit industriel : insuffisante à elle seule, mais s'ajoutant aux avantages qui résultent pour l'ouvrier d'une discipline moins forte, elle arrive à diminuer la supériorité que pouvait avoir la grande industrie au point de vue du recrutement du personnel.

Dans ses rapports avec les autres petites industries, la petite industrie a un intérêt encore plus considérable à posséder des institutions patronales, parce que celles-ci lui sont un moyen de s'attirer, parmi le personnel que lui laisse la grande industrie, les ouvriers les plus habiles et les plus intelligents ; elle a, vis-à-vis des petites industries, les avantages qu'avait la grande industrie vis-à-vis de la petite.

L'ouvrier profitera de cette concurrence, puisque chacun lui offrira le plus d'avantages possible pour l'attirer dans son usine. Cela est particulièrement frappant dans la région salinière dont Dombasle est le centre. On a vu une grande industrie (1) provoquer

______

(1) Solvay et Cie.

dans la plupart des industries une éclosion considérable d'institutions patronales.

Il est intéressant de connaître l'importance des sommes ainsi dépensées par les industriels pour leurs institutions patronales, soit qu'elles représentent une partie du salaire, soit qu'elles représentent une libéralité. Les sommes ainsi dépensées sont considérables, en particulier dans la grande industrie où elles représentent souvent 62,04 0/0 du dividende et 33 0/0 du chiffre des salaires, quant aux institutions patronales de la petite industrie ; c'est surtout dans la région de Dombasle qu'elles sont le plus développées.

Nous nous sommes ainsi efforcés de montrer l'intérêt qu'a pour patrons et ouvriers l'existence d'institutions patronales.

CHAPITRE II

ÉTUDE DES DIFFÉRENTES INSTITUTIONS PATRONALES.

Ce chapitre sera consacré à l'étude des principales institutions patronales : institutions de prévoyance (caisse de retraites pour la vieillesse, caisses de maladie, caisses d'épargne), institutions concernant son bien-être matériel (logement), institutionsconcernant son bien-être moral (cercles, sociétés de musique, etc.). Nous étudierons en particulier les différentes combinaisons adoptées par les industriels et la valeur de chacune d'elles.

SECTION I. — Institutions de prévoyance.

I. — Etude des questions relatives aux institutions concernant la retraite et la maladie.

Nous diviserons ce paragraphe en deux parties principales : dans la première nous étudierons les questions que soulève la contribution de l'ouvrier à l'alimentation des caisses de retraite et de maladie, dans la seconde nous verrons les questions que soulève l'administration de ces caisses.

A. — *Contribution de l'ouvrier*.

Faut-il donner à l'ouvrier le bénéfice d'une de ces institutions sans exiger aucun concours financier de sa part, ou faut-il exiger de lui une contribution si minime soit-elle? Le dernier système paraît préférable, parce qu'il évite ainsi les inconvénients de l'assistance. L'assistance est le remède aux situations exceptionnelles, on comprend qu'elle intervienne quand il n'y a plus moyen de faire autrement, quand il s'agit de familles tombées dans la misère qu'on ne saurait plus relever par un autre procédé. Elle risque de faire disparaître tout sentiment de dignité de la part de celui auquel elle s'adresse. On peut rappeler ici les paroles de Jules Simon : « Il ne faut pas parler d'orgueil déplacé, l'ouvrier qui vit de son travail sans rien devoir à personne et qui élève honorablement sa famille à la sueur de son front, éprouve une fierté légitime à laquelle tout honnête homme doit rendre hommage. En recevant un secours purement gratuit, il est impossible qu'il ne reste pas diminué à ses propres yeux (1). » Aussi faut-il préférer à l'assistance la prévoyance qui est plus morale parce qu'elle développe et la dignité de l'ouvrier et son indépendance. Mais faut-il pour cela rejeter complètement le concours financier du patron ? Certainement non, le sys-

(1) *Revue des Deux-Mondes*, 1861.

tème le meilleur est celui où la contribution patronale s'ajoute à la contribution ouvrière.

Ce dernier système a sur les deux autres les avantages suivants pour l'ouvrier : 1° Il remédie à l'inconvénient de l'assistance humiliante, puisqu'il le fait coopérer aux œuvres auxquelles il est appelé à bénéficier.

2° Il l'oblige à réduire les dépenses inutiles de son budget, ce qu'il n'eût sans doute pas fait s'il n'y avait pas été forcé par des retenues obligatoires sur son salaire.

3° Il assure en outre son intervention dans l'administration de ces institutions, ce qui ne serait sans doute pas arrivé avec le système de la contribution patronale exclusive. Les industriels estimant dès lors que l'avantage accordé est une récompense due à leur seule libéralité, prétendent aussi être les seuls juges des difficultés que peut soulever leur attribution. On ne saurait, en bonne justice le leur reprocher, pas plus qu'on ne songe à critiquer le droit pour l'auteur d'une fondation due à sa libéralité d'en fixer le mode de gestion comme il lui plaît en se réservant à lui-même cette gestion ou en chargeant des tiers.

Pour le patron, ce système a l'avantage d'assurer son intervention dans l'administration des institutions de prévoyance, ce qui n'aurait pas été avec le système de la contribution ouvrière exclusive. Les ouvriers, en effet, s'opposeraient à l'intervention du patron dans une œuvre qu'il n'a en rien contribué à former.

Nous verrons plus loin si cette intervention de l'ouvrier dans l'administration est une bonne chose.

Cette contribution doit-elle être obligatoire ? Il semble que ce soit pour le patron un devoir d'imposer à ses ouvriers l'obligation de contribuer aux œuvres de prévoyance. L'industriel ne saurait en effet se désintéresser du sort de l'ouvrier. Celui-ci est plus qu'un instrument de travail, il est une personnalité et mérite, dès lors, qu'on s'intéresse à lui. L'industriel ne pourrait se disculper dans le cas où un de ses ouvriers tomberait dans la misère et en rejeter sur l'ouvrier la responsabilité, et cela, parce qu'il eût été en son pouvoir, à lui patron, de l'éviter.

C'est cette idée qui inspirait M. Jacquemin, alors directeur de la Compagnie des chemins de fer de l'Est. « Lorsque nous engageons un homme pour un service que nous savons devoir être permanent, nous ne devons pas oublier que derrière le mécanicien, l'agent de train il y a un homme, que cet homme est soumis aux accidents, que la vieillesse l'atteindra : pour ma part, je serais profondément attristé, si je voyais un brave homme des chemins de fer, ayant de 25 à 30 années de bons services, réduit à tendre la main à l'une des portes de nos gares (1).

(1) *Jacquemin* : Cheysson, *Sa vie, ses travaux.*

Résultats de l'enquête. — Ce sont ces arguments d'ordre différent qui ont engagé les industriels à recourir au concours financier de l'ouvrier et à le rendre obligatoire. De toutes les industries étudiées dans l'enquête, il en est fort peu qui utilisent pour la totalité de leurs institutions de prévoyance le système des dons patronaux exclusifs et par conséquent de l'assistance. Lorsque les industriels constituent certaines œuvres de prévoyance sans exiger le concours financier de l'ouvrier, ils ont bien soin de l'exiger pour les autres institutions afin de ne pas laisser prédominer un caractère d'assistance. Ainsi organisées, elles sont même un encouragement à la prévoyance, car elles stimulent l'ouvrier à compléter, par ses versements volontaires, les sommes qui lui sont déjà versées par l'industriel.

Une seule industrie (1) a constitué, exclusivement de ses deniers, les œuvres de prévoyance, tant pour la maladie que pour la vieillesse. au profit de ses ouvriers, mais les inconvénients de l'assistance en sont diminués par ce fait que les sommes ainsi données sont insuffisantes pour satisfaire les besoins, auxquels elles sont destinées.

B. — *Administration des institutions de prévoyance.*

A qui sera confiée la mission d'administrer ces institutions de prévoyance ? Plusieurs systèmes sont

(1) Filatures Vincent-Ponnier.

en présence : d'une part celui de l'ouvrier intervenant seul, puis celui du patron intervenant seul, et enfin celui où le patron et l'ouvrier coopèrent également à l'administration.

Ce dernier système nous semble préférable, parce qu'il présente sur les deux autres l'avantage d'enlever tout caractère arbitraire aux décisions rendues sur les questions susceptibles de soulever des difficultés. Tous les intérêts en présence étant représentés, il n'y a plus à craindre que la question soit résolue partialement soit dans l'intérêt du patron, soit dans l'intérêt de l'ouvrier.

Cette intervention simultanée des deux parties en cause dans l'administration de ces institutions est, d'autre part, un gage de paix sociale parce qu'elle tend à faire disparaître l'esprit de méfiance que provoqueraient les décisions rendues par le patron ou l'ouvrier seulement ; parce qu'elle multiplie les rapports, entre patrons et ouvriers et enfin parce qu'elle permet ainsi à l'un d'apprécier l'autre.

Ce système est supérieur à celui de l'intervention patronale exclusive, parce qu'il permet de développer la conscience et la responsabilité de l'ouvrier.

Il est supérieur enfin au système de l'intervention ouvrière exclusive, parce que l'intervention du patron est une chose nécessaire. Le patron a une expérience des affaires que ne possède pas toujours l'ouvrier ; il a bien souvent, grâce à l'éducation qu'il a reçue, une notion de l'intérêt général plus développée que celle qu'a souvent l'ouvrier, et un esprit d'impartialité qu'on ne rencontre pas toujours chez celui-ci.

Mais il faut se demander si l'intervention de l'ouvrier dans l'administration ne présente pas des inconvénients sérieux pour l'industriel. L'ouvrier ne sera-t-il pas à même de connaître l'état des affaires du patron ? Il en sera ainsi, puisqu'il faudra exiger son approbation toutes les fois que le patron voudra faire un placement. Il suffit pour le prouver de prendre l'exemple donné, par le président du Comité central des chambres syndicales (Union des syndicats professionnels patronaux) (1) : supposons un industriel désireux de contracter un prêt hypothécaire dans le but d'étendre ses affaires, de créer une entreprise nouvelle, il sera déjà gêné par la seule formalité de solliciter cet emprunt, mais ce sera beaucoup plus grave lorsque les salariés pourront être au courant de semblables emprunts ! Il est donc préférable que ces opérations s'effectuent exclusivement dans le monde patronal. Ces objections furent faites au sujet de la discussion du projet de règlement d'administration publique concernant l'application de la loi sur les retraites ouvrières.

---

(1) *Recueil des procès-verbaux des séances du Comité central des chambres syndicales*, année 1910, p. 331.

Il n'est pas douteux que ce soit là un inconvénient sérieux pour l'industriel, mais n'en résulterait-il pas des inconvénients plus graves avec le système contraire ? Libre de faire les placements hypothécaires qui lui conviendraient, il pourrait faire ce placement dans son usine : à cela, pas d'objection, mais le danger résulterait du peu de sécurité que pourrait offrir l'hypothèque donnée par l'industriel. Celui-ci pourrait, en effet, emprunter une somme de beaucoup supérieure à la valeur de l'immeuble.

Qu'une faillite se produise, le bien hypothéqué sera insuffisant à désintéresser tous les créanciers. Ce danger est si réel, qu'il a été prévu par le législateur : l'article 19, § 7 de la loi sur les retraites ouvrières spécifie en effet que les fonds des caisses syndicales ou patronales, pourront être employés en prêts garantis par premières hypothèques sur les immeubles appartenant aux entreprises auxquelles correspondent les dites caisses, et jusqu'à concurrence de la moitié seulement de leur valeur.

Si le danger de voir un immeuble hypothéqué au-dessous de sa valeur réelle n'est plus à craindre, il existe toujours pour les caisses de maladie. Il est vrai que les fonds de ces caisses, étant moins importants que ceux des caisses de retraite, les inconvénients n'en sont pas aussi graves. Mais toujours est-il qu'il serait fâcheux de supprimer l'intervention de l'ouvrier dans l'administration de ces institutions, parce qu'on verrait disparaître tous les avantages que nous avons étudiés ci-dessus. C'est la solution qui a été d'ailleurs adoptée par le législateur pour l'administration des sociétés de secours des ouvriers mineurs ; l'article 10 spécifie en effet qu'un tiers des membres doit être désigné par l'exploitant, et que les deux autres tiers doivent être élus parmi les membres participants. Cette solution a été aussi adoptée par le règlement d'administration publique destiné à assurer l'application de la loi sur les retraites ouvrières et paysannes. L'article 87 spécifie, en effet, que le conseil d'administration d'une caisse patronale doit être composé de six membres, savoir : trois représentants de l'entreprise, trois représentants des assurés pris dans le personnel des assurés affiliés à la caisse.

Nous verrons, dans les chapitres concernant la vieillesse et la maladie, les résultats de l'enquête à ces différents points de vue.

II. — Institutions d'assistance.

Faut-il appliquer les solutions adoptées ci-dessus aux institutions d'assistance ? Faut-il avoir recours au concours financier exclusif du patron, quand il s'agit de secourir un ouvrier qui est tombé dans la misère ? Il semble qu'on doive répondre affirmativement à cette question, puisque l'ouvrier se trouve désormais dans l'impossibilité de contribuer lui-même à son propre relèvement. Mais ce procédé a des inconvénients sérieux pour l'ouvrier : cette assistance risque, en effet, d'humilier celui auquel elle s'adresse. Dans la petite industrie, cet inconvénient est atténué en raison des relations personnelles, qui peuvent exister entre patrons et ouvriers ; l'institution prend dès lors un certain caractère patriarcal. Mais, il peut n'en être plus de même dans la grande industrie, où le patron se trouve dans l'impossibilité de connaître tous ses ouvriers et cela surtout, quand il s'agit de sociétés anonymes. Aussi a-t-on cherché à remédier à cet inconvénient dans certaines industries (1), où des dames patronnesses sont chargées elles-mêmes d'assurer le service de l'assistance ; elles vont voir les indigents à domicile et les aident autant par les secours qu'elles leur apportent que par les conseils qu'elles leur donnent.

Quelque considérables que soient les résultats obtenus dans quelques industries, il semble préférable de faire coopérer l'ouvrier lui-même à son propre relèvement lorsqu'il est tombé dans la misère, parce qu'il en résultera pour lui plus de dignité. Il suffirait pour cela d'exiger de l'ouvrier, lorsqu'il est encore capable de le faire, une contribution si faible soit-elle à la formation d'un fonds de secours des-

(1) Solvay, *Produits chimiques*.

tiné à l'aider quand il viendrait à tomber dans la misère. Cette contribution viendrait s'ajouter aux subventions patronales. Ce système des deux contributions qui s'ajoutent semble le meilleur, parce qu'il assure à l'ouvrier des secours plus élevés à égalité de sacrifices patronaux ; il assure aussi à l'ouvrier l'intervention dans l'administration de ces caisses. Aussi a-t-il été adopté dans quelques industries (1).

SECTION II. — Etude des institutions relatives aux pensions de retraites pour la vieillesse.

Nous étudierons successivement les différentes questions que soulèvent ces institutions et la façon dont les industriels, les ont solutionnées. Nous étudierons ainsi les différents points que soulèvent les contributions patronale et ouvrière, les différents organismes chargés d'assurer le service des retraites, le droit de l'ouvrier à une pension et la situation faite à la femme dans la plupart des industries.

I. — Contributions ouvrière et patronale.

Comment les industriels se sont-ils procuré les ressources pour avoir les sommes nécessaires au service des pensions ? Nous avons vu qu'ils avaient le

______

(1) Compagnie des Chemins de fer de l'Est, Verreries de Portieux, Aciéries de Longwy, Teinturerie de Thaon.

choix entre plusieurs procédés : le recours à la contribution patronale ou ouvrière exclusive et le recours simultané aux deux contributions.

Le recours à la contribution ouvrière exclusive, aurait pu être adopté et figurer quand même parmi les institutions patronales en tant que dues à l'initiative du patron, qui les aurait rendues obligatoires pour ses ouvriers.

Nous avons vu pourquoi il fallait rejeter le système de la contribution patronale exclusive. C'est surtout en matière de pension de retraite que sont vraies les idées émises relativement à l'insuffisance de la contribution ouvrière exclusive. Il semble, en effet, impossible de s'en contenter : il serait très difficile de constituer avec la contribution ouvrière seulement, des pensions de retraite suffisantes ; il semble même que par l'association on ne puisse y arriver. Pour une pension de vieillesse, on a calculé qu'une pension représentant la moitié du gain annuel de l'ouvrier et réversible en partie sur la veuve, exige pour un travailleur de 60 ans une prime égale à 15 0/0 de son salaire soit 180 francs par an pour un salaire de 1.200 francs. En mettant les choses au mieux, en admettant une épargne commencée à l'âge de six ans avec la Mutualité scolaire à raison de dix centimes par semaine, des versements ininterrompus de cette somme modique ne feraient toucher à 60 ans qu'une pension annuelle de 117 francs, et tout au plus de

160 francs avec les subventions accordées par l'Etat à la Mutualité.

Il en est de même de la contribution patronale ; elle est insuffisante, en général, à assurer à elle seule une pension convenable à l'ouvrier. Si dans quelques industries la contribution patronale exclusive permet de donner à l'ouvrier une pension très élevée, ce ne peut être qu'au prix de sacrifices considérables, un certain nombre d'industries ont pourtant adopté ce système pour leurs ouvriers.

Quelle combinaison les industriels ont-ils adoptée pour déterminer le montant de la contribution à exiger des ouvriers. Ils avaient le choix entre deux modes de cotisation : la cotisation uniforme et la cotisation variable. A moins d'une cotisation variant avec l'âge, la cotisation doit être précédée du versement d'un droit d'entrée fixé en proportion de cet âge. L'uniformité n'est pas possible : il est inadmissible que tous les ouvriers d'une même maison soient traités pareillement malgré les différences d'âge, que l'ouvrier admis à l'usine à l'âge de 25 ans puisse avoir le même sort que celui qui y arrive à 35 ans, et qui, dès lors, a versé des sommes moindres à la Caisse des retraites (1). Les industriels ont tenu compte de cette considération et ont fait varier le chiffre de la pension avec l'importance des versements des in-

(1) Lefort, *Les Caisses de retraites ouvrières*, t. I, p. 281, Paris, 1905, in-8°.

téressés, d'autres ont exigé un droit d'entrée con...
aux Verreries de Portieux ou à la fabrique de ch...
corée Vœlker-Coumes de Bayon.

En se plaçant à un autre point de vue, ne faut-il pas tenir compte, pour fixer la cotisation de l'importance du salaire ? Les industriels avaient le choix entre deux systèmes ; ou bien exiger une cotisation proportionnelle au montant du salaire, ou bien une cotisation fixe indépendante du montant du salaire. Le premier semble préférable, parce qu'il exige de l'ouvrier des sacrifices plus considérables à mesure que son salaire augmente. C'est là une exellente mesure parce qu'il est bon qu'il contribue plus à sa retraite, lorsque ses ressources le lui permettent davantage. Cela lui est d'ailleurs favorable, parce que la cotisation patronale augmentant aussi proportionnellement, il en profite d'autant plus.

Si ce système n'a pas été adopté par la loi sur les retraites ouvrières et paysannes du 5 avril 1910, c'est uniquement pour des raisons de fait. La Chambre d'ailleurs l'avait adopté, mais le Sénat l'a refusé à cause des difficultés que soulève la connaissance du salaire journalier, car étant souvent variable, il était difficile d'en déterminer le montant exact.

Si nous voyons les résultats de l'enquête, nous pouvons nous rendre compte que c'est le système qui a été adopté par toutes les industries.

Il est intéressant de savoir si les prélèvements sur

les salaires ont été très importants ; il suffit pour cela
de les comparer à ceux que la loi sur les retraites ouvrières a rendus obligatoires. D'après l'article 2, les
primes annuelles sont de 9 francs pour les hommes,
de 6 francs pour les femmes et de 4 fr. 50 pour les
mineurs au-dessous de 18 ans, soit par journée de
travail ; 3, 2 et un centime et demi. En Allemagne,
la moyenne de la prime est de 12 francs. Nombreuses sont les industries qui exigent un versement plus
considérable (1).

Quant à la contribution patronale, il suffit pour
l'apprécier de la comparer à celle exigée par la loi
sur les retraites ouvrières. Elle est égale, dit la loi,
à la contribution de l'ouvrier. Nombreuses sont les
industries qui ont versé une somme supérieure à celle
versée par l'ouvrier (2).

Quant aux employés, on peut comparer ce qu'ont
fait pour eux les industriels, à ce qu'a fait le législateur pour ses fonctionnaires. La retenue exigée est
de 5 0/0 du traitement, il faut y ajouter le douzième
du traitement lors d'un nouvel avancement. Pour
avoir droit à la retraite, il faut avoir 60 ans d'âge et

______

(1) Société des Tramways de Gérardmer, Solvay, Société Dietrich, Verreries de Portieux, Compagnie des Chemins de fer de
l'Est, Manufacture de chicorée Vœlker-Coumes

(2) Société des Tramways de Gérardmer, Dietrich, Cristalleries de Baccarat, Salines de Rosières-Varangeville, Compagnie
des Chemins de fer de l'Est. Les industries affiliées à la Caisse
Patronale des Forges de France.

30 années de service, ou 55 ans d'âge et 25 ans de service dans certaines fonctions. Quelques industriels ont été beaucoup plus larges, pour les conditions d'admission, pour l'importance de la retenue opérée sur le traitement de l'employé (1), quelquefois même, ils ont accordé des pensions plus importantes que celles accordées par le législateur (2).

Importance des pensions. — On peut, pour apprécier l'importance des pensions accordées, les comparer avec celles de la loi sur les retraites ouvrières du 5 avril 1910. D'après le projet de la Chambre des députés, les pensions se seraient élevées à un minimum de 360 francs, l'Etat aurait ajouté le complément, dans le cas où elles auraient été inférieures ; mais cette proposition fut rejetée par le Sénat, parce qu'elle entraînait des charges financières trop considérables pour le budget. Avec la loi du 5 avril 1910, il en résulte que trente années de versements obligatoires à 18 francs, ne donneront pas, malgré la majoration de l'Etat, les 360 francs qui devraient être le minimum de cette pension. A combien s'élèvera cette pension ? il suffit pour le savoir de se reporter au tarif actuel de la Caisse nationale des retraites pour la vieillesse (Décret du 17 décembre 1909) : le travailleur qui, âgé de 35 ans au moment de l'entrée en vigueur de la loi, aura versé 18 francs pendant les trente ans prescrits

---

(1) Verreries de Portieux, Solvay (*Produits chimiques*).
(2) Solvay.

par la loi, aura une retraite de 157 francs, plus la majoration de 60 francs, soit en tout 217 francs. Celui qui aura commencé ses versements à 25 ans obtiendra 335 francs de rente, majoration comprise. Pour atteindre les 360 francs, il faudrait doubler le versement patronal et ouvrier et effectuer ces versements pendant 37 ans.

Nombreuses sont les industries qui versent à leurs ouvriers des pensions supérieures à celles obtenues avec la loi sur les retraites ouvrières (1). Un certain nombre leur allouent des pensions inférieures (2).

D'autres enfin estimant que le service des retraites constituait pour eux une charge trop lourde pour leur budget se contentent de verser à leurs vieux ouvriers des primes d'ancienneté.

Grâce à ces versements l'ouvrier s'assure ainsi des ressources pour la vieillesse. Sous quelle forme les recevra-t-il ? vaut-il mieux les lui attribuer sous forme de rente ou au contraire les lui verser en capital le jour où il prend sa retraite ? Le second système nous paraît peu recommandable au moins pour ce qui concerne les ouvriers. Si on leur remet du jour au lendemain un capital important entre les mains, on risque fort

---

(1) Pensions supérieures : Vincent-Ponnier, Cristalleries de Baccarat, Verreries de Portieux, Dollfus, Manufactures de glaces de St-Gobain, Salines de Rosières-Varangeville, Dietrich.

(2) Pensions inférieures : La plupart des industries affiliées à la Mutuelle des Forges de France.

de le voir disparaître bien vite : l'ouvrier n'a pas l'habitude d'être en possession de si fortes sommes, il sera donc tenté, et surtout s'il est imprévoyant, de les dépenser immédiatement. Il pourrait, il est vrai, les employer utilement à l'achat d'un fonds de commerce par exemple, mais n'ayant pas l'expérience, il risque, même dans ce cas, de voir échouer l'entreprise dans laquelle il a engagé ses fonds. Aussi, peu nombreux sont ceux qui ont adopté ce système pour leurs ouvriers. Pour les employés, il n'en est plus de même : ils sont plus prévoyants, et ont plus d'expérience que l'ouvrier, aussi ce système a-t-il été adopté par un certain nombre d'industries (1).

Administration des Caisses de retraite relatives aux pensions de retraite. — Quant à l'administrations de Caisses de retraite, les idées émises ci-dessus trouvent ici surtout leur application en raison de l'importance des sommes à gérer. On peut voir d'après l'enquête que, là où les retraites ont été constituées avec le concours financier exclusif du patron, on a refusé à l'ouvrier sinon toute intervention dans l'administration, du moins l'une de ses attributions principales qui est de solutionner les difficultés relatives à l'attribution des pensions.

Pour ce qui concerne l'arbitraire pouvant résulter de l'administration réservée au patron, il semble que

(1) Solvay.

les idées émises ci-dessus soient contredites par l'enquête. Si nous envisagons les industries les plus importantes qui ont adopté ce système, l'une pour ses ouvriers, l'autre pour ses employés, on voit qu'il a donné d'excellents résultats puisque dans l'une, aux Cristalleries de Baccarat, on use très rarement du droit de renvoi qui prive l'ouvrier de tout droit à la retraite et que dans l'autre, on s'est montré encore plus large : alors qu'aux Cristalleries de Baccarat, on peut supprimer l'intégralité de la pension, à la Société Solvay, au contraire, on ne peut réduire la retraite que dans les proportions déterminées par les statuts, quoique ces retraites soient constituées par les libéralités exclusives de la Société.

La solution étudiée nous semble malgré tout préférable, parce qu'elle offre des garanties pour l'ouvrier, lorsqu'il se trouve en présence d'industriels moins impartiaux.

II. — Organismes chargés d'assurer le service des pensions.

Les industriels avaient le choix entre plusieurs systèmes : ils pouvaient ou bien assumer eux-mêmes le service des pensions de retraite, ou au contraire s'en dispenser et en charger une institution officielle ou une compagnie privée d'assurances.

Le premier système a l'avantage de soustraire

l'industriel aux obligations qu'entraîne pour lui l'affiliation à la Caisse nationale des retraites pour la vieillesse. Il lui évite en même temps le livret individuel. Le recours à la Caisse nationale des retraites est en outre beaucoup plus rémunérateur pour l'industriel, parce qu'il lui permet de placer dans son industrie les fonds disponibles de la Caisse de retraites, sans aucune garantie, si un décret en a autorisé le placement en valeurs de cette industrie, et sans aucune autorisation s'il s'agit de placements hypothécaires.

Mais le patron se voit ainsi obligé de répondre lui-même aux engagements qu'il a contractés, de liquider les pensions au fur et à mesure des échéances. Or c'est là une question très délicate en raison des difficultés que soulève l'organisation financière de ces caisses. Au début surtout on est trompé par ce fait qu'il y a beaucoup de recettes et peu de dépenses. La difficulté est de savoir proportionner les recettes aux dépenses futures. L'histoire de l'organisation financière de la Caisse de retraites de la Compagnie des Chemins de fer de l'Est est particulièrement intéressante à cet égard. A la société Gouvy, on a dû de même rectifier les bases sur lesquels avaient été établis les versements patronaux.

C'est pour éviter ces inconvénients, qu'un certain nombre d'industriels ont préféré charger la Caisse des retraites pour la vieillesse ou une compagnie d'assurances privée du service des pensions. Celles-ci, en effet, grâce à leur grand nombre d'adhérents, peuvent établir une assurance sur des bases très solides. Les inconvénients étudiés ci-dessus, sont surtout considérables pour la petite industrie, où le personnel étant moins stable, il est très difficile d'apprécier le nombre des pensions à servir à un moment donné. La régularité du risque n'existant pas, il est impossible d'organiser une Caisse de retraites sur des bases sérieuses, aussi n'y a-t-il pas de Caisse de retraite dans la petite industrie dans la plupart des cas. Les petits industriels versent au fur et à mesure des besoins les sommes nécessaires au service des pensions. On peut s'étonner de voir si peu de petits industriels affiliés à la Caisse nationale des retraites, car il semble que celle-ci leur soit surtout utile pour eux à cause des graves inconvénients que présenteraient pour eux les Caisses de retraite.

On peut l'expliquer sans doute par les frais d'administration qu'exige l'affiliation à cette Caisse.

Les industriels sont obligés en effet dans ce cas de s'attacher spécialement un employé dont la fonction est de remplir les formalités exigées par la loi de 1886 sur la Caisse nationale des retraites pour la vieillesse.

III. — Du droit à la retraite.

La question qui se posait pour les industriels était de savoir si oui ou non, ils devaient admettre un droit à la retraite absolu, ou si au contraire ils devaient soumettre son existence à des conditions déterminées.

Il fallait se demander, si après être resté un certain temps dans la même industrie, l'ouvrier venait à quitter l'établissement dans lequel il se trouvait, celui-ci conserverait quand même un droit acquis à une pension de retraite. La question semble bizarre, car on ne saurait donner à un ouvrier qui a dix ans de services dans une usine, une pension aussi forte qu'à celui qui en a trente. Mais ce n'est pas là ce qu'on veut dire, en parlant de droits acquis, on entend exprimer que l'ouvrier en quittant l'usine emporte avec lui des droits à une retraite, mais proportionnée seulement aux années de service passées à l'usine.

Le premier système, qui permet au patron de priver, à un moment donné un de ses ouvriers de toute pension de retraite présente des dangers sérieux pour l'ouvrier, parce qu'il permet au patron de le priver injustement de sa pension, si considérable soit-elle : il lui suffira, en effet, de le renvoyer quelques jours avant qu'il n'ait acquis l'âge, pour faire valoir ses droits à la retraite.

L'ouvrier, il est vrai, trouve dans ce cas une protection sérieuse dans l'article 1780 du Code civil. Cet article modifié par la loi de 1890 permet, en effet, aux tribunaux d'accorder une indemnité, en tenant compte des retenues effectuées et des versements opérés en vue de la constitution d'une retraite. Si donc son renvoi est injustifié, il pourra faire valoir ses droits. Même quand l'ouvrier a été renvoyé pour de justes motifs, la plupart des auteurs lui reconnaissent les mêmes droits, que lorsqu'il a été renvoyé injustement, ceux-ci résultant des versements effectués par lui. Mais cette protection lui fait défaut, dès qu'il s'agit de versements opérés par le patron seulement : on ne peut plus guère parler de droits acquis à une retraite puisque l'ouvrier n'y a pas coopéré, il ne peut donc prétendre à une retraite liquidée proportionnellement, mais il pourrait exiger une indemnité en vertu de l'article 1780, car cet article est général, et ne distingue pas entre les versements du patron et ceux de l'ouvrier : il est tenu compte, dit l'article, des versements effectués en vue d'une pension de retraite.

On ne peut dire que cette protection fasse défaut à l'ouvrier, quand il s'agit de son départ volontaire, car on peut assimiler ce cas à celui du renvoi pour de justes motifs : là aussi ses droits résultent des versements qu'il a effectués. Cette question du renvoi de l'ouvrier semble avoir perdu une partie de son intérêt depuis la loi sur les retraites ouvrières, car s'il est renvoyé injustement, ses droits à la retraite n'en souffriront pas puisqu'il sera toujours sûr de trouver un industriel qui continuera ses versements. Mais la question reste entière pour les versements qui excèdent ceux imposés par la loi.

Un certain nombre d'industriels ont reconnu à l'ouvrier des droits sérieux, et cela, en adoptant le livret individuel. Le livret individuel est, en effet, un carnet sur lequel on inscrit le versement des cotisations de l'ouvrier et des subventions du patron. Du jour où cette inscription a été faite, l'ouvrier devient propriétaire, non seulement des retenues qui ont été opérées sur son salaire, mais encore des subventions qui ont été versées par le patron. Ses droits sont d'autant mieux garantis, que le livret lui permet de contrôler la régularité des versements effectués : il peut vérifier dès lors, si les sommes versées par lui et le patron ont été inscrites à son compte.

L'ouvrier peut désormais quitter l'usine quand il lui plaît, être renvoyé sans perdre pour cela ses droits à la retraite ; la rente correspondante à ses versements lui est assurée, s'il remplit les conditions d'âge indiquées par lui lors de la constitution de son livret et s'il a continué ses versements jusqu'à cet âge. Il dépendra donc de l'ouvrier de ne pas laisser inutiles les capitaux versés par lui et par le patron. Il lui sera difficile, il est vrai, de continuer à verser jusqu'à l'âge exigé pour la retraite les sommes jusque-là versées par le patron. Mais il y aura pour lui un excellent moyen d'y remédier : il lui suffira d'aller dans une usine, dans laquelle il trouvera adopté le système du livret individuel. Mais pourra-t-il toujours trouver une autre industrie qui utilise ce livret ? Mille circonstances l'en empêcheront : ou bien cette industrie sera trop éloignée, ou bien cette industrie sera différente de celle qu'il a quittée, et exigera de sa part des connaissances qu'il n'a pas. Le livret individuel, dans ce cas, n'aura pas rempli son but, au moins quand les sommes qui y sont portées sont de faible importance : n'étant plus encouragé à épargner, l'ouvrier cessera ses versements et perdra la pension, à laquelle il aurait eu droit.

Cela était vrai avant l'apparition de la loi sur les retraites ouvrières, mais depuis que les versements ouvriers et patronaux sont obligatoires, il sera toujours sûr de trouver un industriel qui continuera les versements du patron précédent, et lui-même, de son côté, se verra obligé de continuer ses propres versements. Cette question pourtant n'a pas perdu tout son intérêt : elle subsiste toujours pour les versements, qui ont été supérieurs à ceux exigés par le législateur.

D'autres industriels ont adopté un autre système que celui du livret individuel : ils n'ont pas voulu, tout en lui refusant un droit à la retraite, le priver de l'épargne qu'il avait constituée avec ses propres deniers et lui remboursent, quand ils le congédient, le montant des retenues (1) opérées sur son salaire. Ce procédé semble inférieur à l'autre à deux points de vue ; il prive l'ouvrier, en effet, de la subvention patronale versée jusqu'au jour de son départ, puisque l'industrie ne lui rembourse que le montant des retenues effectuées sur son salaire, au moins dans la plupart des cas.

Il présente en outre l'inconvénient de faire verser en une seule fois un capital très important entre les mains de l'ouvrier. Celui-ci sera dès lors tenté de le dépenser immédiatement, parce qu'il n'a pas l'habitude de recevoir d'aussi fortes sommes en une seule fois.

Le livret individuel semble donc la combinaison la plus avantageuse pour l'ouvrier. Mais en est-il de même pour le patron ? Ce livret présente, semble-t-il, un certain nombre d'inconvénients.

Il exige en effet de la part du patron des sacrifices absolument identiques, pour les ouvriers nomades comme pour les anciens ouvriers ; il oblige à traiter également l'ouvrier qui a 40 ans de service et celui qui en a cinq. Le patron perd ainsi un excellent moyen pour retenir ses ouvriers le plus longtemps possible dans son usine : c'est là une grave atteinte

(1) Cie des chemins de fer de l'Est. Verreries de Portieux.

portée à la stabilité de son personnel. On sait tous les inconvénients qui en résultent pour lui. Le patron peut, il est vrai, y remédier ; il lui suffira de proportionner l'importance de ses versements à l'âge de ses ouvriers, il versera, par exemple, 2 0/0 du salaire à ceux qui auront de dix à vingt ans de service, 3 0/0 à ceux qui auront de vingt à vingt-cinq ans de service ; il pourra enfin allouer des primes d'ancienneté.

Il remédiera ainsi par ces différents moyens à l'instabilité de son personnel en maintenant le livret individuel. On peut même dire que ce dernier lui permet de s'assurer un meilleur personnel en lui donnant la faculté de se débarrasser plus facilement de ses mauvais ouvriers sans risquer de se voir réclamer une indemnité devant les tribunaux. Ceux-ci, en effet, n'hésitent pas à reconnaître à la révocation, qui prive l'ouvrier du droit à la retraite, le caractère d'une peine.

Ils exigent alors que cette peine soit prononcée seulement pour des fautes d'une gravité exceptionnelle.

Le livret individuel garantissant des droits intangibles à l'ouvrier, le patron pourra le renvoyer : en effet, le renvoi n'est plus une peine, puisqu'il ne peut plus entraîner la perte des droits à la retraite.

C'est pour ces différentes raisons qu'on trouve peu d'industries qui aient adopté le système du renvoi qui enlève tout droit à la retraite. Seules les Cristalleries de Bacarrat l'ont adopté dans leur intégralité ; le départ ou le renvoi de l'ouvrier lui enlèvent tout droit à une retraite proportionnelle ou à une indemnité si petite soit-elle. A Dombasle, dans les Etablissements Solvay, l'industriel est beaucoup plus large : quoique les pensions des employés soient constituées par les dons exclusifs de la Société, celle-ci se refuse à lui supprimer la totalité de sa retraite dès que l'employé a un certain nombre d'années de service à l'usine.

Conditions auxquelles est soumis le droit à la retraite.

Nous venons de voir s'il devait y avoir, ou non, un droit acquis à une pension de retraite et dans quel sens il fallait l'entendre. Autre chose est de savoir s'il convient de subordonner le droit à la retraite à un certain nombre de conditions, la pension de retraite étant un bénéfice accordé aux travailleurs à titre de récompense ou de rémunération de leur travail, ils en ont soumis l'acquisition à l'âge de l'ouvrier et au nombre de ses années de service. Le législateur en a fait de même, lorsqu'il a voulu assurer des pensions de retraite à tous les ouvriers. Etudions spécialement chacune de ces conditions.

A. — *Age du participant.*

L'âge exigé pour faire valoir ses droits à la retraite

a-t-il été bien choisi par les industriels : il suffit, pour apprécier si les industriels ont été larges dans leur appréciation, de comparer cet âge avec celui édicté par la loi du 5 avril 1910 sur les retraites ouvrières et paysannes. L'âge normal de la retraite est, dit l'article 5, de 65 ans, mais il est possible de réclamer la liquidation anticipée de sa retraite ; dans ce dernier cas l'allocation viagère accordée par l'Etat est réduite d'autant. On peut se rendre compte que nombreuses sont les industries qui se sont montrées plus larges que l'Etat à cet égard. La moyenne des industries accorde en effet une pension de retraite à l'âge de 60 ans (1).

B. — *Années de service.*

On peut aussi, pour apprécier si le nombre des années de service exigées pour faire valoir ses droits à la retraite, se reporter à ce qu'a fait le législateur à cet égard. La loi sur les retraites ouvrières exige trente années de service, aussi la plupart des industries sont-elles plus larges à cet égard (2).

(1) Cristalleries de Baccarat, Filatures Vincent-Ponnier, Tramways de Gérardmer, Dietrich (Transports), Berger-Levrault (Imprimeries), Aciéries de Longwy, Solvay (Produits chimiques).

(2) Verreries de Portieux, Société des Hauts-Fourneaux de Maxéville, Vincent-Ponnier (filatures), Voelker-Coumes (manufactures de chicorées), Aciéries de Longwy, Solvay (produits chimiques).

C. — *Invalidité.*

Mais quelle situation lui ont-ils faite, lorsqu'il se trouvait dans l'impossibilité de travailler avant d'arriver à l'âge de la retraite ?

Il ne devrait avoir aucun droit à la retraite. Cette solution aurait entraîné des conséquences d'autant plus fâcheuses pour l'ouvrier, que c'est le risque qui pour lui est le plus dangereux. Il l'atteint en effet dans toute la force de l'âge et à un moment, par conséquent, où il n'a encore pu beaucoup épargner. Aussi la plupart des industriels ont-ils prévu ce cas et accordent-ils soit une pension de retraite anticipée, soit un secours aux ouvriers qu'une maladie prématurée met dans l'impossibilité de continuer leur travail. La fraude n'est guère possible de la part de l'ouvrier, car le patron est le meilleur juge pour apprécier si la maladie alléguée le rend vraiment incapable de tout travail.

Cette solution a été d'ailleurs aussi celle adoptée par loi du 5 avril 1910 sur les retraites ouvrières : les assurés qui seront atteints en dehors de la loi sur les accidents du travail et à l'exclusion de toute faute professionnelle, de blessures graves ou d'infirmités prématurées entraînant une incapacité permanente et absolue de travail auront droit, quel que soit leur âge, à la liquidation anticipée de leur retraite.

IV. — Situation de la femme en cas de prédécès du mari.

Il est intéressant de savoir quelle situation les industriels ont faite à la femme dans le cas où le mari décède sans avoir aucun droit à la retraite. Sa situation est d'autant plus précaire, que le décès arrive à un moment où la veuve a à sa charge des orphelins en bas âge incapables encore de gagner leur vie. Ils ont utilisé différentes combinaisons pour remédier à cette situation. Les uns ont utilisé le procédé du capital réservé : au lieu d'aliéner les sommes versées à titre de contribution patronale, ils stipulent que les sommes ainsi versées seront réservées et restituées, en cas de décès de l'ouvrier, à ses héritiers. La femme se trouve ainsi bien protégée, surtout quand les versements ont duré un certain temps. C'est ainsi qu'un ouvrier ayant 35 ans de service et gagnant un salaire de 100 francs par mois, assure à ses héritiers un capital de 2.529 francs avec un versement annuel égal à 4 1/2 0/0 de son salaire. Mais la combinaison du capital aliéné n'est pas sans présenter de sérieux inconvénients ; en effet, la rente à capital aliéné est celle où le capital est déposé à fonds perdus ; il est théoriquement absorbé avec les intérêts au jour du décès du rentier. La rente à capital réservé est celle où les versements opérés en vue de la constitution du capital sont remboursés sans intérêts au moment du décès, que ce décès se produise avant ou après l'entrée en jouissance de la rente. A vingt-cinq ans, des versements annuels de 10 francs, continués jusqu'à 65 ans, constituent une rente viagère à capital aliéné de 129 fr. 90 ou de 70 fr. 10 à capital réservé ; dans ce dernier cas les ayants droit touchent respectivement 10, 20, 400 francs, si le décès se produit au bout d'un an, vingt ans ou quarante ans.

Or, une rente de 70 fr. 10 à capital aliéné n'exige qu'une prime annuelle de 5 fr. 40 au lieu de 10 fr. et le complément 4 fr. 60 appliqué à une assurance en cas de décès garantit un capital de 220 francs, c'est-à-dire vingt-deux fois la prime.

La clause de réserve du capital constitue une réserve croissante avec les années, ce qui est illogique. Dans une famille le décès atteint le plus la famille quand le père a de jeunes enfants. Or la combinaison du capital réservé n'assure à ce moment que des sommes d'une faible importance et fait grandir le capital à obtenir à mesure qu'il en a moins besoin (1).

Malgré ses inconvénients ce système a été adopté par de nombreux industriels.

L'assurance contre le décès exigeant de trop grands sacrifices, les industriels ont, pour la plupart, alloué

(1) Rapport Guieysse, 1904, *Documents parlementaires*, annexe 2083.

des secours aux veuves de leurs anciens ouvriers en faisant, en général, varier le montant avec le nombre des enfants. C'est d'ailleurs le système qui a été adopté par la loi sur les retraites ouvrières. Il est alloué un secours de 150 à 300 francs suivant le nombre des enfants.

V. — Etude des institutions concernant la maladie.

Nous étudierons successivement les raisons pour lesquelles les industriels sont intervenus, les différents modes de leur intervention et la valeur des sociétés de secours mutuels dans l'industrie.

Il est un risque qui diminue particulièrement son salaire quand il se produit, c'est celui de la maladie. L'ouvrier isolé est presque désarmé à son encontre. Il peut sans doute, par un régime sévère, s'abstenir de tout excès, et en se conformant aux règles de l'hygiène dans la mesure où son modique budget le lui permet, l'éviter en partie. La maladie l'a-t-elle atteint, il peut par son épargne y remédier, mais cette épargne est insuffisante à elle seule, surtout quand elle a déjà été atteinte par les autres risques. C'est pour cette raison que les industriels ont considéré qu'il était de leur devoir d'intervenir aussi bien pour prévenir la maladie que pour y remédier quand elle

était survenue. Nous étudierons d'abord les institutions établies dans le but de prévenir la maladie, et
nous verrons ensuite celles destinées à la faire disparaître lorsqu'elle est arrivée.

Les institutions fondées dans le but de prévenir la
maladie sont des plus variées : d'une façon générale
ce sont toutes celles qui concernent son bien-être
matériel : qu'il s'agisse de logements ou d'institutions
fondées dans le but de diminuer le prix de son alimentation, elles tendent à faire de lui un homme bien
portant et capable de mieux résister, par conséquent,
aux maladies qui peuvent atteindre les malingres.

On peut citer, en particulier, parmi les institutions
destinées à prévenir la maladie, celles établies dans
le but d'enrayer les progrès de l'alcoolisme (1) ; rentrent dans cette catégorie non seulement celles qui
tendent à le diminuer directement, comme la vente
de boissons hygiéniques, mais encore celles qui tendent à augmenter son bien-être moral. Qu'il s'agisse de
bibliothèques, de cercles, de sociétés de gymnastique
ou de musique, le but est de fournir à l'ouvrier des
distractions saines capables de l'éloigner du cabaret.

Tendent aussi à ce but les efforts faits par l'industriel pour assurer à l'ouvrier un logis convenable :
celui qui a une maison confortable n'a plus la ten-
tation d'aller chercher au cabaret un foyer qu'il ne
trouve pas chez lui.

(1) Teinturerie de Thaon, Aciéries de Longwy.

Ils sont intervenus en outre pour enrayer les progrès de la mortalité infantile. Une intervention de leur part s'imposait, surtout quand la mère est elle-même occupée à l'usine ; l'absence de la mère entraînait l'allaitement artificiel et, par voie de conséquence, une extraordinaire mortalité de la population infantile ouvrière (plus de 60 0/0 dans l'année qui suit la naissance dans certains quartiers ouvriers (1). Aussi nombreux sont ceux qui sont intervenus pour y remédier : les uns ont institué des crèches (2) destinées à recevoir les enfants en l'absence de leur mère, les autres ont versé des allocations aux mères dont les enfants atteignaient l'âge d'un an (3); ailleurs ils ont fait appel au médecin attaché à leur établissement pour surveiller le traitement des enfants en bas âge et imposer l'application des règles d'hygiène relatives aux enfants. Les résultats obtenus par ce moyen ont été considérables, en particulier à Dombasle, et les services que rendent à cet égard les médecins ne sauraient être assez appréciés. Leur influence est d'autant plus heureuse qu'ils trouvent dans la collaboration de l'industriel un concours précieux : les prescriptions du médecin, peuvent en effet, au besoin être appuyées par la contrainte, que

(1) Gide, *Cours d'économie politique*, p. 643.
(2) Cristalleries de Baccarat. Teinturerie de Thaon. Aciéries de Longwy. Vincent-Ponnier. Garnier (filatures).
(3) Mine de Moutiers.

le patron pourrait exercer sur les ouvriers qui ne s'y conformeraient pas. Les industriels sont intervenus, non seulement pour prévenir la maladie, mais encore pour éviter les accidents pouvant survenir aux ouvriers dans le cours de leur travail. Un certain nombre d'industriels se sont en effet associés à des unions dont l'objet est d'étudier les mesures destinées à protéger l'ouvrier contre les accidents (1).

On peut encore signaler quelques mesures préventives intéressantes, à savoir le service de vaccination de la Compagnie des chemins de fer de l'Est et le service de désinfection des logements des filatures Garnier, les établissements de bains (2) installés dans la plupart des industries importantes. L'enquête nous permet donc de voir que nombreuses sont les institutions qui ont été établies dans le but de prévenir la maladie.

Une fois la maladie arrivée, les industriels sont intervenus d'une part, en provoquant la formation de l'épargne collective, d'autre part, en l'encourageant par des allocations pécuniaires.

L'association a des résultats particulièrement fructueux quand il s'agit de parer au risque de la maladie. En effet, si pour l'ouvrier qu'elle atteint individuellement, la maladie grève fortement son budget,

(1) La plupart des industries métallurgiques.
(2) Aciéries de Longwy, Solvay. Blanchisserie de Thaon (produits chimiques).

il n'en est plus de même quand on envisage les hommes dans leur ensemble. Les statistiques ont établi que pour la moyenne des hommes le nombre des journées de maladie ne dépasse pas 6 à 7 par an pour les adultes et 2 1/2 pour les enfants. L'ouvrier se verrait ainsi privé de son salaire une semaine par an. C'est là une charge très supportable pour lui et que l'on doit à l'association. C'est ce qui explique le si grand succès des sociétés de secours mutuels. Aussi les industriels se sont-ils efforcés d'en provoquer la formation en faisant appel à la bonne volonté des ouvriers entrés à l'usine et en obligeant tous les nouveaux ouvriers à en faire partie. Leur tâche était d'autant plus facile que le centre industriel forme une association naturelle. Tandis que d'ordinaire, on est obligé de chercher de tous côtés des adhérents, ici, au contraire, ils sont trouvés d'avance ; ce sont tous les ouvriers appartenant à chaque industrie. On a voulu quelquefois en exclure les femmes : quelques-uns (1) ont estimé, en effet, que l'épargne individuelle était supérieure en ce qui concerne la femme. Celle-ci, pensaient-ils, en raison du trop grand nombre de maladies qui l'atteignent, aurait mis trop souvent la caisse de secours en déficit. Aussi une industrie (2) a-t-elle établi des livrets individuels avec contribution ouvrière et patronale obligatoires,

(1) Cristalleries de Baccarat.
(2) *Ibid.*

avec faculté pour le titulaire d'en prélever une certaine somme quand il tombe malade. Il semble que cette crainte soit exagérée. C'est ce qu'a fait ressortir un membre du conseil supérieur de la Mutualité au Congrès international de la Mutualité de 1900 : il a été établi à l'aide de la statistique que la femme ne coûte pas plus que l'homme à la caisse sociale. Là où il existe une différence, elle serait plutôt en faveur de la femme. Il semble même que son adhésion soit à recommander : augmentant le nombre des sociétaires, la femme fera diminuer le coût de l'assurance en vertu de la loi des grands nombres, et permettra un calcul plus exact et plus équitable des charges et des droits avec une détermination plus précise de la valeur du risque suivant l'âge.

Aussi un certain nombre d'industriels ont-ils laissé la femme faire partie de ces sociétés (1).

Si, à la grande rigueur, il est possible aux ouvriers de payer, avec leurs cotisations exclusives, les dépenses que nécessitent les frais de maladie, cela leur est souvent impossible, quand ils ont été atteints par d'autres risques, tel que le chômage par exemple, et en tout cas, cela leur est très difficile surtout quand ils ont une nombreuse famille. Aussi les industriels les ont-ils aidés de leurs subsides : tantôt ils ont versé comme l'ouvrier une cotisation proportionnelle au salaire et

(1) Manufacture de chicorée de Vœlker-Coumes, à Bayon. Teinturerie de Thaon.

égale (1) ou supérieure (2) ou inférieure (3) à celle que celui-ci payait. Tantôt ils ont versé des subventions à titre de membre honoraire dans d'autres cas, ils ont pris à leur charge une partie des dépenses de la société de secours mutuels. D'autres fois, ils ont payé les cotisations de l'ouvrier dans le cas où celui-ci se trouvait dans l'impossibilité de l'acquitter (4). Quelquefois même (5), ils ont pris à leur charge la totalité des frais de maladie sans demander à l'ouvrier son concours financier, mais les sacrifices ressortant de ce chef étant considérables, peu nombreux sont ceux qui y ont eu recours. Quelques-uns ont même construit pour leurs ouvriers des hôpitaux (6) modèles.

Quant à la contribution du sociétaire, elle, est pour la plus grande partie des sociétés de secours mutuels, de 1 fr. 50 à 3 fr. selon la localité. Quand il s'agit de mutuelles industrielles, au contraire, elles sont en

---

(1) Dietrich (transports). Verreries de Portieux. De Pruines (métallurgie). Brasseries de Maxéville.

(2) Cristallerie de Baccarat. Compagnie de l'Est. Aciéries de Longwy.

(3) Mines de la Mourière. Aciéries de Micheville. Salines de Rosières-Varangéville. Dollfus (filatures). Forges et Aciéries du Nord-Est.

(4) Brasserie de Charmes.

(5) Vincent-Ponnier (filatures). Hauts-Fourneaux de Pont-à-Mousson. Solvay. Saline Octobon.

(6) Solvay. Aciéries de Longwy. Teinturerie de Thaon. Compagnie des Forges et Aciéries Marine-Homécourt. Aciéries de Micheville.

général inférieures à 3 francs grâce au concours financier du patron. Leurs ressources ainsi augmentées leur permettent d'étendre l'objet de leurs attributions : c'est ainsi que la plupart d'entre elles assurent à leurs membres les frais médicaux et pharmaceutiques (1) en comprenant par frais médicaux les consultations et le traitement à domicile, une indemnité journalière en argent égale au demi-salaire, des allocations d'accouchement, des secours aux familles nécessiteuses, des allocations de décès. Très souvent même elles font bénéficier de tous ces avantages non seulement l'ouvrier lui-même, mais encore toute sa famille, lorsqu'elle habite avec lui. S'il n'y a pas de mutuelle, ces mêmes avantages sont alors accordés par l'industriel lui-même.

Mais la plupart ayant leurs ressources limitées ne peuvent indéfiniment étendre leurs opérations. aussi sont-elles toutes obligées de limiter la durée des secours à accorder aux malades, dont la maladie se prolonge trop longtemps.

Par qui les industriels ont-ils fait administrer toutes ces mutuelles ? L'ouvrier intervenant pour payer

(1) Le plus grand nombre des salines, Vincent-Ponnier, Brasserie de Charmes, Teinturerie de Thaon, Micheville, Société alsacienne de Constructions Métalliques, Aciéries de Longwy, Compagnie de l'Est, Solvay, De Pruines, Compagnie générale des Tramways, Gouvy, Forges d'Haironville, La Providence, Pied-Selle (métallurgie), Aciéries de Micheville, Imprimeries Berger-Levrault, Mines de la Mourrière, Verreries de Portieux, Adt (constructions), Dietrich (transports).

ses cotisations, il était logique de le faire intervenir dans l'administration de ces sociétés. C'est ce système qui a été adopté par tous ceux qui ont institué dans leur établissement des mutuelles.

Avenir des sociétés de secours mutuels dans l'industrie.

Il semble que dans l'industrie, les mutuelles soient assurées d'une prospérité qu'elles ne sont pas sûres de trouver au même degré ailleurs. Certaines d'avoir toujours des adhérents, elles sont toujours sûres de voir leurs caisses alimentées. Tandis que les autres sociétés de secours mutuels sont obligées de chercher de tous côtés leurs adhérents, les mutuelles d'usine, au contraire, trouvent dans le centre industriel dans lequel elles se trouvent un groupement naturel, qui leur assure des adhérents tant que durera l'usine. Elles sont d'ailleurs d'autant plus sûres d'en trouver que le patron fait de l'entrée de l'ouvrier dans la mutuelle une clause du contrat de travail.

Mais ces mutuelles sont-elles aussi favorisées au point de vue des dépenses ? Celles-ci ne risquent-elles pas de croître au point de mettre la caisse de la société en déficit. Le danger est à craindre là où les adhérents ont de l'intérêt général une idée peu développée. Peu soucieux des besoins de leurs camarades, les ouvriers cherchent bien souvent à tirer profit de leur situation d'adhérent pour bénéficier de secours qui ne leur sont pas nécessaires : il leur suffit à cet effet de feindre des maladies imaginaires. Le danger est d'autant plus à craindre quand il s'agit de mutuelles ouvrières, dont les ressources sont alimentées principalement par les cotisations de l'industriel. Là où il y a un antagonisme très violent entre patrons et ouvriers, ceux-ci seront d'autant plus tentés d'en abuser qu'ils s'imagineront ainsi faire tort exclusivement au patron. L'enquête nous montre que ce danger n'est pas chimérique ; dans plusieurs d'entre elles (1), en effet, la caisse a été mise en déficit, et dans d'autres (2), les dépenses se sont développées d'une façon considérable en peu d'années.

Est-il possible de rémédier à ces abus ? Si on ne le pouvait pas, l'existence des mutuelles en serait fortement compromise. Il n'en est heureusement rien : les industriels ont en effet remédié à ces abus par des procédés divers ; tantôt ils ont exigé de l'ouvrier le paiement d'une partie des frais médicaux et pharmaceutiques (3) ; si faible que soit la somme exigée de l'ouvrier, elle lui impose un sacrifice pécuniaire qui suffira à l'empêcher de recourir à la caisse quand il n'en aura pas besoin ; tantôt ils ont fait contrôler la réalité des maladies alléguées par l'ouvrier (4), et ont

(1) Gouvy (Métallurgie), Société Alsacienne de Constructions Métalliques.
(2) Aciéries de Longwy.
(3) Gouvy.
(4) Société Alsacienne de Constructions Métalliques, Imprimerie Berger-Levrault, Dollfus (filatures).

usé à l'égard des faux-malades de peines allant jusqu'à l'exclusion ou ont refusé leurs secours aux maladies résultant de l'inconduite (1).

Nous avons vu les avantages que les mutuelles présentaient au point de vue financier ; ceux-ci sont aussi considérables au point de vue moral ; l'ouvrier apprend ainsi à connaître les devoirs que la solidarité lui impose : l'ouvrier qui n'est pas malade aide en effet de ses deniers celui que la maladie a atteint.

Ces sociétés assurent, d'autre part, son indépendance en le soustrayant à l'arbitraire du patron. Les mutuelles étant alimentées par les cotisations patronales et ouvrières, les ouvriers sont dès lors appelés à faire partie des conseils d'administration de ces sociétés. Toute décision arbitraire est ainsi évitée.

C'est pour ces différentes raisons qu'on rencontre autant de sociétés de secours mutuels dans l'industrie.

Quant à l'organisation technique de ces caisses, on peut voir que la plupart des industriels leur ont donné une autonomie permettant de les distinguer des caisses de vieillesse ; la plupart ont créé pour chaque risque une caisse de secours spéciale en évitant de prendre une caisse commune pour plusieurs

(1) Cette mesure est dangereuse, lorsqu'elle concerne les maladies vénériennes. L'ouvrier atteint d'une telle maladie, s'abstiendra de recourir à des soins médicaux qui entraînent des dépenses qu'ils estime excessives. Il en résultera un danger non seulement pour lui, mais encore pour toutes les personnes qu'il pourra contaminer et pour sa femme s'il est marié (Voir p. 130. Aciéries Marine-Homécourt).

risques ; chacune a formé une société spéciale pour la maladie, et une autre société pour la vieillesse et avec raison d'ailleurs, car c'est là le meilleur système pour assurer l'équilibre budgétaire de ces mutuelles. Qu'il s'agisse de maladies de longue durée ou de courte durée, de retraites pour la vieillesse, on est en présence de risques exigeant pour chacun d'eux une cotisation différente.

Quelques-uns pourtant ont établi cette confusion, malgré les inconvénients qui pouvaient en résulter (1).

Accidents du travail.

Il semble que les allocations accordées aux victimes d'accidents du travail ne doivent pas figurer parmi les institutions patronales.

Cela est vrai dans la mesure où les industriels obéissent strictement à la loi : mais il y a institution patronale dans la mesure où ils se sont montrés plus larges que le législateur dans la distribution de leurs allocations. C'est ce qui s'est produit : tantôt en effet les industriels accordent ces indemnités lorsque la durée de l'incapacité a été inférieure à quatre jours, tantôt ils leur accordent des indemnités supérieures à celles de la loi.

VI. — Etude des institutions concernant l'épargne.

D'une façon générale, on peut entendre, sous le

(1) Verreries de Portieux.

nom d'institutions d'épargne, toutes celles qui tendent à assurer à l'ouvrier un capital, dont il pourra disposer quand il voudra, ou à des conditions déterminées d'avance. L'épargne est pour l'ouvrier d'une utilité incontestable : c'est parce qu'il a peu d'argent qu'il ne doit pas le dépenser à la légère. Mais s'il est bon qu'il épargne, il ne faut pas que ce soit aux dépens du nécessaire. Serait reprochable toute épargne constituée au détriment de son développement intellectuel ou physique. Les industriels ont tenu compte de ces deux considérations pour développer l'épargne dans la mesure exigée par la modicité du budget de l'ouvrier.

Estimant que l'épargne était nécessaire pour l'ouvrier, ils l'ont rendue obligatoire en l'obligeant à participer de ses deniers à toutes les œuvres de prévoyance de son établissement. Mais, ne voulant pas que par une épargne excessive, ils sacrifient le présent à l'avenir en compromettant et leur santé et leur intelligence, ils ont limité à un chiffre relativement faible le montant de la contribution exigée.

Dans d'autres cas enfin, ils ont encouragé l'ouvrier à se constituer un petit capital par des institutions d'épargne proprement dites. Ce sont celles-ci que nous étudierons dans ce chapitre. Ces institutions, appelées caisses d'épargne, sont des établissements destinés à faciliter l'épargne en se chargeant de la garde des sommes épargnées. L'ouvrier y portera ses économies pour les mettre à l'abri du vol, et il sera protégé du même coup contre les tentations qu'il aurait eues de dissiper l'argent, s'il l'avait conservé en sa possession. La caisse d'épargne n'est qu'une tirelire perfectionnée ; les sommes déposées restent sans doute à sa disposition ; mais pour les recouvrer il lui faudra certaines formalités qui l'empêcheront de les retirer aussi facilement que si elles étaient restées chez lui.

Ce mode d'épargne est supérieur à ceux précédemment étudiés parce qu'il permet d'assurer au déposant un capital dont il pourra disposer comme il lui plaît, soit pour acheter une maison, soit autrement ; il a l'inconvénient de constituer une épargne individuelle, et on sait déjà les infériorités qu'elle présente sur l'épargne collective.

Aussi n'est-elle à préconiser que lorsqu'on ne peut faire autrement. C'est ainsi que certains industriels ont fait appel à l'épargne individuelle lors de la mise en application d'un nouveau régime de retraite (1). Pour assurer aux ouvriers de la période transitoire un petit capital, on a préféré le versement à la caisse d'épargne à celui à une caisse de retraites qui n'aurait pu lui assurer qu'une pension dérisoire. D'autres l'ont adoptée quand ils l'estimaient supérieure à l'épargne collective pour assurer au déposant des ressources suffisantes pour la vieillesse (2).

(1) Solvay.
(2) Cristalleries de Baccarat.

D'une façon générale ce mode d'épargne apparaît comme un complément aux autres institutions de prévoyance obligatoires. Il est excellent parce qu'il permet à l'ouvrier de compléter volontairement l'épargne que le patron l'a obligée à constituer pour ses œuvres de prévoyance, sans qu'on risque par trop de restreindre les ressources de son budget. Il lui assure en outre un capital, dont il pourra disposer comme il l'entendra, alors que, pour les autres institutions d'épargne, ou plutôt de prévoyance, on affectait son épargne à un but déterminé, sans qu'il ait pu lui donner une autre destination.

Les industriels ont eu recours à deux sortes d'établissements : d'une part les caisses d'épargne publiques (1) ; et, d'autre part (2), les caisses d'épargne privées. Dans le premier cas, l'industriel se contente de centraliser lui-même les fonds pour les placer à la Caisse nationale d'épargne ; dans le deuxième cas, il accepte dans sa propre caisse les fonds que l'ouvrier voudra bien déposer et les lui restitue quand celui-ci les lui réclame.

Les industriels ont, en outre, pour favoriser encore davantage l'épargne, employé des procédés divers : tantôt ils ont consenti un intérêt considérable à leurs déposants, tantôt même, estimant que l'épargne qui débute est la plus difficile, ils ont fait varier le taux

---

(1) Hauts-Fourneaux de Pont-à-Mousson, Dietrich, Moutiers.
(2) Solvay, Cristalleries de Baccarat, Adt (constructions), Dollfus (filatures).

de l'intérêt avec l'importance des sommes déposées.

Cet intérêt servi aux déposants est en général plus élevé (1) que celui servi par la caisse d'épargne de l'État ; aussi semble-t-il qu'il faille préférer à cette dernière les caisses privées. Mais celles-ci, il est vrai, présentent un certain danger, car l'industriel dépositaire des fonds à lui confiés peut se trouver à un moment insolvable et dès lors incapable de rembourser les sommes à lui demandées ; en un mot les économies de l'ouvrier sont liées au sort de l'industrie, à laquelle il a confié ses fonds. Aussi semble-t-il préférable d'adopter le système de la Société des Hauts-Fourneaux et Fonderies de Pont-à-Mousson, parce qu'il offre à l'ouvrier plus de garanties en lui donnant les mêmes avantages pécuniaires ; l'industriel verse les fonds à la caisse d'épargne de l'État et majore l'intérêt donné par celui-ci.

Dans d'autres cas, ils ont eu recours à des procédés qui, en soi, peuvent être discutés, mais, étant donné le but cherché, deviennent comme tels moins sujets à critique : tel est le cas des maisons à lot distribués aux ouvriers qui ont acquis des livrets de caisse d'épargne (2), ou encore, la combinaison qui consiste pour des ouvriers à associer leurs capitaux, afin d'acheter des valeurs à lot pour en répartir le

(1) Hauts-Fourneaux du Nord-Est, Solvay, Hauts-Fourneaux de Pont-à-Mousson, de Wendel (métallurgie), Dollfus (filatures).

(2) Société des Hauts-Fourneaux et Fonderies de Pont-à-Mousson.

montant entre les adhérents (1). Il n'est pas très bon d'encourager les ouvriers à compter sur le hasard pour augmenter leurs biens, mais le procédé est déjà plus recommandable lorsqu'il a pour effet d'obliger les ouvriers à épargner.

D'autres, enfin, ont encouragé l'ouvrier à l'épargne par les nombreuses conférences qu'ils leur ont faites (2).

On peut encore faire figurer, parmi les institutions d'épargne que les industriels ont encouragées indirectement, les coopératives. Les industriels en ont, en effet, facilité la formation ; or, la coopérative peut être considérée dans une certaine mesure comme institution d'épargne, puisque le bénéfice réalisé sur les achats de l'ouvrier est porté à son compte pour lui être restitué au bout de l'année ou être conservé en dépôt à son nom. Si donc, un ouvrier achète pour 1.000 francs dans une coopérative, et que celle-ci réalise un bénéfice de 10 0/0, il se trouvera au bout de l'année avoir réalisé une épargne de 100 francs, qui ne lui aura rien coûté. Et même, si le tant pour cent déduit, il a payé ses marchandises un prix aussi élevé que chez le marchand de la localité, il n'en reste pas moins que le système coopératif l'aura obligé à épargner 100 francs.

D'autres, enfin, ont imaginé une combinaison dif-

(1) Dietrich.
(2) Hts-Fourneaux de Pont-à-Mousson, Gouvy.

férente ; ils ont facilité l'acquisition de maisons aux ouvriers en exigeant de leur part la propriété d'un certain capital. On oblige ainsi l'ouvrier à épargner pour acquérir la somme qui lui permettra d'emprunter les sommes nécessaires à la construction de sa maison, et pour rembourser ensuite les sommes empruntées. On l'oblige ainsi à convertir en un bien durable un argent qu'il aurait sans doute dépensé immédiatement. Telles sont les différentes institutions d'épargne introduites par les industriels dans leurs établissements.

SECTION III. — Institutions concernant le bien-être matériel de l'ouvrier.

I. — Le logement.

Cette institution a attiré particulièrement l'attention des industriels parce que c'est elle qui influe le plus sur le bien-être physique et moral de l'ouvrier.

Que la maison de l'ouvrier ait une influence considérable sur son bien-être physique, cela est indéniable : l'ouvrier qui habite une maison malsaine, soit parce qu'elle est mal construite, soit parce que la misère l'oblige à ne consacrer qu'un nombre de pièces très restreint au logement d'une nombreuse famille, est voué à la maladie. Des enquêtes l'ont démontré d'une façon péremptoire. Il a été ainsi calculé qu'à Lille (1) la mortalité s'élevait à

(1) Dumont, *Les habitations ouvrières dans le Nord de la France*, Thèse, Paris, 1905.

51,54 0/00 dans le quartier Juliers, où le nombre des maisons surpeuplées représentait 68,15, tandis que dans le quartier Jacquemars, où le nombre des logements surpeuplés était représenté par 8,73 0/0, la mortalié s'abaissait à 13,13. Le calcul fait pour les autres quartiers donne des résultats aussi probants.

Au point de vue moral son influence est aussi grande : il est la base de la famille parce qu'il lui assure un foyer, le même lieu habité par les membres d'une même famille depuis des années est un lien d'union entre toutes ces personnes. Lorsque l'ouvrier, après son travail, est obligé de regagner une maison malsaine et malpropre, il lui préfère le cabaret, et s'adonne bien vite à l'alcoolisme.

L'ouvrier est-il à même de se procurer, avec ses seules ressources, un logement sain et salubre ? Il est à craindre que non, surtout si on tient compte que la hausse énorme des loyers n'a pas été accompagnée d'une hausse équivalente des salaires : d'une enquête publiée par le ministère du travail, le même logement qui, en 1810, coûtait 80 francs, s'élevait en 1903 à 350 francs ; or, les salaires n'ont pas quadruplé dans le même temps, de 1806 à 1900 ils ont haussé de 129 0/0.

Il en résulte pour l'ouvrier, une charge qui grève lourdement son budget. M. Levasseur l'estime de 10 à 20 0/0 de son revenu. Elle est d'autant plus lourde lorsqu'elle grève des budgets modestes ; ceux-ci sont fort nombreux, si on en juge d'après le nombre de ceux qui sont alimentés par la femme de l'ouvrier, alors que ce n'est pas son rôle M. Ribot (1) l'évalue à 51 0/0.

Aussi les industriels ont-ils cherché à alléger les charges de l'ouvrier, tout en lui assurant un logement sain et confortable.

Ils l'ont fait aussi quelquefois, parce qu'ils se savaient responsables de cet état de fait ; les industriels, en effet, quand ils fondent une usine, attirent sur un point donné un nombre considérable d'ouvriers. Le nombre des demandes augmentant par rapport à celui des offres, ils provoquent ainsi une hausse des loyers qui oblige l'ouvrier à se contenter de logements chers et malsains. M. Ribot a calculé qu'un ouvrier, dont le salaire est de 50 francs par semaine, ne peut consacrer plus de 8 0/0 de son revenu au loyer d'une maison, et que pour un budget plus modeste, cette part du revenu ne dépasse pas 12. 3 0/0. Cela explique pourquoi le logement n'est pas à la hauteur des exigences les plus élémentaires.

Les industriels avaient le choix entre plusieurs combinaisons pour remédier à ces abus : ou bien construire eux-mêmes des maisons, ou bien faciliter à l'ouvrier la construction ou l'achat de maisons, dont il deviendrait propriétaire.

(1) Ribot, *Revue politique et parlementaire*, p. 69, 1910.

La combinaison qui rend l'ouvrier propriétaire, a le grand avantage de permettre à l'ouvrier, de construire une maison à sa convenance. Il peut, comme il lui plaît, en faire le plan, il se sentira plus libre, parce qu'il évitera ainsi la cité ouvrière. Celle-ci, avec ses maisons bâties toutes sur le même modèle, a pour lui l'aspect d'une caserne, et lui semble une prolongation de l'usine dans laquelle il travaille. Son indépendance lui est ainsi assurée vis-à-vis de ses voisins, il sera le maître chez lui et n'aura pas à redouter le voisinage de colocataires remuants et indiscrets.

Mais il peut en résulter des inconvénients quant à son indépendance vis-à-vis de l'industriel : l'ouvrier devenu propriétaire, se trouve ainsi dans l'impossibilité de quitter l'usine dans laquelle il se trouve, sa maison a absorbé toutes ses économies. S'il veut quitter l'usine dans laquelle il travaille, il en est empêché parce qu'il n'a plus assez d'argent liquide pour pouvoir s'entretenir pendant le temps qu'il lui faudra attendre pour trouver une place dans une autre industrie ; force lui est donc d'accepter les décisions que le patron lui imposera.

Cette combinaison risque enfin de restreindre par trop les autres besoins, de sorte que l'ouvrier se serait ainsi procuré un bon logement, mais aux dépens de sa santé, obligé qu'il serait de diminuer son alimentation par exemple.

Elle risque aussi de ne pas atteindre le résultat désiré, qui est de procurer à l'ouvrier un logement sain. Il est à craindre, en effet, qu'il ne construise une maison qui soit bâtie contrairement aux règles de l'hygiène ou qu'il n'en sous-loue les chambres à de trop nombreux locataires au risque de restreindre par trop et aux dépens de sa santé, l'espace qui lui est nécessaire à lui et à ses locataires.

Ces inconvénients sont-ils irrémédiables, et s'ils le sont, méritent-ils de faire condamner l'institution?

La maison dont il est devenu propriétaire détruit-elle son indépendance ? Il semble que l'ouvrier quittera moins volontiers l'usine de la région dans laquelle il possède une maison. Est-ce là une situation qui lui soit en général préjudiciable ? Certainement non, car l'ouvrier qui a une famille est obligé de s'installer à un endroit déterminé, il ne peut passer sa vie à courir d'une usine à l'autre.

Quant au danger de voir sa maison mal construite, il suffira pour le prévenir de faire viser les plans de la maison par un architecte commis par l'industriel à cet effet.

Il pourra, d'autre part, s'opposer à la sous-location de la maison, quand il fera à l'ouvrier l'avance des fonds. On peut voir que nombreux sont les industriels qui sont intervenus de cette façon.

Mais risque-t-on de restreindre par trop les autres

besoins de l'ouvrier ? Cela est certainement vrai, quand il s'agit d'ouvriers peu aisés. Ce n'est pas là une raison pour empêcher tous les ouvriers de bénéficier de cette combinaison ; tout au plus est-ce un motif pour en écarter les ouvriers qui ont des ressources trop restreintes. C'est d'ailleurs ce qu'ont fait les industriels ; ils ont refusé les facilités accordées pour la construction ou l'achat de maisons à ceux qui n'avaient pas une richesse suffisante (1). Ils ont exigé à cet effet que l'ouvrier fût par exemple déjà propriétaire du terrain, qu'il ait déjà un certain capital prouvant qu'il avait déjà ainsi une certaine aisance.

Le patron ne risque-t-il pas de son côté de se trouver lésé par les avantages ainsi consentis, ne risque-t-il pas de ne pas se voir rembourser les sommes ainsi prêtées ? Le patron peut prévenir ce danger en refusant ses prêts à ceux qui ne lui inspireront pas confiance. C'est pour cette raison qu'il exige de l'ouvrier soit la possession du terrain, soit encore la propriété d'une somme déterminée. L'hypothèque de la maison lui garantit en outre le remboursement de la somme prêtée, si l'ouvrier se trouve dans l'impossibilité d'acquitter sa dette.

C'est pour ces différentes raisons que nombreux sont les industriels qui ont facilité à leurs ouvriers la

(1) Solvay, Aciéries de Longwy.

construction de maisons. Les moyens employés par eux ont varié : tantôt ils ont fait aux ouvriers les avances nécessaires en argent au taux normal de l'intérêt, tantôt ils ont consenti des avances à un taux d'intérêt très réduit (1). Quelquefois même, ils ont pris à leur charge les frais d'architecte, ou louent des terrains à des conditions très avantageuses, et dans des cas très rares, ils laissent au hasard le soin d'attribuer la maison à l'un des ouvriers de l'usine.

Si on a raison de chercher à rendre l'ouvrier propriétaire, quand il a des ressources en quantité suffisante, il n'en est plus de même lorsqu'il n'a pas les capitaux nécessaires. Il faut dire que c'est ce qui se présente dans la plupart des cas, l'ouvrier qui a une nombreuse famille ne pouvant épargner suffisamment. Aussi les industriels ont-ils employé une autre combinaison pour alléger les charges de l'ouvrier ; ils ont construit des maisons qui restent leur propriété et les louent aux ouvriers, à des prix plus ou moins réduits. L'ouvrier se trouve ainsi favorisé à un double point de vue : il trouve dans ces maisons un confort, qu'il n'aurait pas eu dans celles de la localité et réalise d'autre part une économie sérieuse, car ces maisons lui sont louées à un taux très réduit, allant quelquefois jusqu'à la gratuité (2).

(1) Mazerand, Vendel, Aciéries de Longwy, Cavallier, St-Gobain, Solvay, Brasseries de Maxéville.
(2) Solvay, Cristalleries de Baccarat, Brasseries de Charmes.

La plupart des industriels ont fait disparaître les inconvénients de la cité-caserne en annexant à chaque maison un petit jardin ; l'un d'eux, pour y répandre plus de gaîté, a même fait construire au milieu de la cité un kiosque où l'on joue régulièrement de la musique (1).

Il ne reste donc du pouvoir de surveillance du patron que les avantages et, en particulier, celui d'assurer le bon état de propreté des maisons louées.

Quant à la construction de la maison, ils avaient le choix entre deux types extrêmes : ou bien la maison individuelle ou bien la maison collective. La maison individuelle est celle qui favorise le plus l'ouvrier, parce qu'elle lui évite le voisinage de colocataires encombrants et indiscrets. Elle est aussi plus conforme aux règles de l'hygiène. Mais, exigeant du patron des sacrifices trop considérables, elle a été abandonnée par ceux qui en ont fait l'essai (2).

A l'autre extrémité se trouve la maison collective : elle présente, sur la maison individuelle, l'avantage de coûter très peu cher, mais elle porte préjudice à l'ouvrier au point de vue matériel et moral. La maison à huit ou dix logements communiquant entre eux, ne peut être qu'un foyer d'épidémies ; au point de vue moral, elle risque d'être un danger pour la famille. C'est pour ces différentes raisons, que les

(1) Blanchisserie de Thaon.
(2) Gouvy.

industriels qui avaient construit des cités avec maisons sans séparation, les ont abandonnées (1) pour construire des maisons intermédiaires entre les deux types étudiés ci-dessus. Ils ont pu réaliser ainsi dans une certaine mesure les avantages de ces deux types de maisons sans en avoir les inconvénients. Ils ont construit dès lors des maisons séparées à quatre logements comme aux établissements Mazerand, à la Société Dietrich, à la Société des Hauts-Fourneaux et Fonderies de Pont-à-Mousson ou à deux logements comme à la Société Solvay par exemple.

Ces logements ne doivent pas être trop luxueux, car ils exigeraient un loyer trop élevé pour l'ouvrier. L'enquête nous montre que lorsqu'il a le choix entre plusieurs types de maisons, il choisit celle qui est intermédiaire entre celle qui est louée au prix le plus élevé et celle qui est louée au prix le plus bas (2).

La plupart des industriels ont annexé un jardin aux maisons construites par eux. Ce jardin présente pour l'ouvrier des avantages sérieux. Il lui permet d'exercer son activité dans des sens différents : alors que la division du travail l'oblige à consacrer pendant toute la durée de son travail son activité à la parcelle d'une tâche donnée, le jardin, qu'il cultive, l'oblige à exercer un travail qui ne ressemble en rien à celui de l'usine. On remédie ainsi à l'abêtissement

(1) Solvay.
(2) Blanchisserie de Thaon.

que pourrait provoquer le travail machinal prolongé
pendant un temps trop long sur un point donné. Le
jardin lui est aussi utile, parce qu'il l'oblige à travailler dans un air qui est plus sain que celui de l'usine,
dans lequel il a été occupé toute la journée. Au point
de vue moral, il le retient chez lui, et l'empêche
d'aller au cabaret, et de se livrer ainsi à l'alcoolisme.

Il permet enfin de lui assurer une alimentation
saine et à bon marché. L'ouvrier s'évite, en effet,
ainsi les produits plus ou moins bons, qu'un intermédiaire peu scrupuleux peut lui vendre à des prix très
élevés. Aussi, nombreux sont les industriels qui ont
annexé des jardins aux maisons construites par
eux (1).

D'autres sont encore allés plus loin dans ce sens :
ils louent aux ouvriers non seulement des jardins,
mais encore des champs (2). Au point de vue de l'a-
griculture, ces mesures sont excellentes, elles remé-
dient dans une certaine mesure aux torts que lui
fait subir l'industrie ; celle-ci avait attiré à elle quantité de personnes occupées auparavant à la campa-
gne, il en était résulté un abandon des terres et de la
culture. Grâce aux facilités accordées aux ouvriers
pour louer des champs, ils peuvent désormais retour-

(1) Cristalleries de Baccarat, Verreries de Portieux, Voelker,
Aciéries de Micheville, Mazerand, Adt, Aubrives-Villerupt, Thaon,
Commercy, Aciéries de Longwy, Solvay, Cavallier, Marcheville,
Daguin, Gouvy
(2) Solvay.

ner à la terre qu'ils avaient abandonnée et mettre en valeur les terrains qu'ils avaient délaissés. Cela leur est d'autant plus facile que, dans certaines industries, le travail est déjà terminé à cinq heures du soir (1). Toutes ces considérations ne sont relatives qu'aux terrains qui sont à proximité de l'usine, mais enfin, ces industriels peuvent déjà être fiers d'avoir relevé l'agriculture dans le voisinage de leur usine. Cette activité peut d'ailleurs s'étendre assez loin, grâce aux moyens de locomotion mis à la disposition de l'ouvrier, tels que les tramways et bicyclettes.

Leurs encouragements ne se sont pas bornés là : quelquefois, en effet, les industriels ont donné des primes (2) à l'élevage.

Quant au loyer, ils sont arrivés à le diminuer aussi bien pour les maisons qu'ils avaient construites, que pour celles déjà existantes, et appartenant aux propriétaires de la localité. Grâce à la concurrence qu'ils leur faisaient, ils les ont obligés à baisser leur prix pour trouver encore des locataires, et cela d'autant plus, que les maisons déjà existantes étaient loin d'offrir le même confort que celles construites par les industriels.

Pour ce qui est des maisons construites par eux, nombreux sont ceux qui ont consenti des loyers très réduits ; ils n'ont pas hésité à diminuer jusqu'à

(1) Solvay.
(2) Solvay, Gouvy.

1 1/2 0/0 le revenu du capital ainsi engagé, et même quelquefois à s'en priver totalement. Il est intéressant de voir de quels éléments ils ont tenu compte pour accorder ces réductions de loyer. Tantôt, ils les ont envisagées comme une rémunération ou une récompense, et ont proportionné l'importance de la réduction au nombre des années de service de l'ouvrier. Tantôt ils les ont envisagées comme un bénéfice destiné à avantager surtout les familles nombreuses et ont fait varier le montant de la réduction non seulement avec le nombre des années de service, mais encore avec le nombre des enfants du locataire. Nous sommes, dans ce dernier cas, en présence du propriétaire modèle. Ainsi se trouve résolue la difficulté qu'ont les familles nombreuses de trouver un logement ; on n'ignore pas, en effet, que les propriétaires hésitent à prendre comme locataires les familles d'ouvriers qui ont de nombreux enfants. Ce sont pour eux des gens encombrants qui gênent les voisins et qui détériorent leur habitation. L'industriel les attire à lui et, au lieu d'exiger de ces ouvriers des loyers plus élevés, il leur consent au contraire des réductions pouvant aller jusqu'à la gratuité (1).

Si on ne tient pas compte de ces réductions, on peut dire que dans la moyenne des industries le loyer est de 15 francs par mois pour un logement de quatre pièces.

(1) Solvay.

Quant au nombre de pièces, la moyenne des logements en contient quatre, plus cave et grenier.

II. — Alimentation.

En vue de procurer à leurs ouvriers une alimentation saine et à bon marché, les industriels ont eu recours à deux procédés : ou bien ils ont vendu eux-mêmes, dans des établissements qui étaient leur propriété (cantines, hôtels ou réfectoires), des produits à des prix moins élevés que ceux de la région dans laquelle ils se trouvaient et allant quelquefois jusqu'à la gratuité (1) ; ou bien, ils ont favorisé la formation de sociétés coopératives de consommation, chargées de vendre au prix du gros leurs produits, grâce à la suppression des intermédiaires. Si le prix en est quelquefois aussi élevé, il est en réalité plus faible grâce à la remise du tantième sur la consommation. Si, malgré tout, le prix en est aussi élevé, il restera toujours l'avantage d'avoir fait fonctionner la coopérative comme société d'épargne et d'avoir pu se procurer des denrées de bonne qualité.

Les industriels sont intervenus de deux façons : tantôt ils en ont provoqué la formation par leurs conseils, tantôt ils les ont favorisées par les avances (2)

(1) Blanchisserie de Thaon.
(2) Aciéries de Longwy, Gouvy, Solvay, Compagnie des chemins de fer de l'Est.

en argent qu'ils leur ont faites. Ces sociétés dont les débuts sont souvent difficiles n'auraient pu trouver les capitaux nécessaires. Aussi les industriels leur ont-ils avancé ces capitaux et les leur ont accordés à un taux d'intérêt très faible.

De ces deux institutions, laquelle faut-il préférer ? On ne peut répondre d'une façon absolue à la question, car cela dépend des besoins à satisfaire : la première, destinée à lui vendre des denrées prêtes à être consommées, trouvera sa place dans les industries occupant des ouvriers nomades ou célibataires, ou des ouvriers habitant à une trop grande distance de chez eux pour pouvoir y venir prendre leurs repas.

Les coopératives seront utiles dans les autres cas.

D'autres industriels enfin ont fait bénéficier du prix du gros certains produits acquis par leurs ouvriers, en groupant les demandes des acheteurs sans avoir recours à une coopérative (1).

III. — Mesures destinées à diminuer les charges des familles nombreuses.

Un certain nombre d'industriels ont voulu favoriser spécialement les familles nombreuses ; ils ont accordé soit des allocations mensuelles variant avec le nombre des enfants (2), soit des réductions de loyers,

(1) Compagnie de l'Est, Société des Hauts-Fourneaux et Fonderies de Pont-à-Mousson.

(2) Compagnie de l'Est, Solvay, Mines de Moutiers, de Pruines.

soit des allocations de maladie, soit encore des pensions de retraite, en en faisant varier le montant avec l'importance des charges de famille.

SECTION IV. — Institutions concernant le bien-être moral de l'ouvrier.

Les industriels ont eu à cœur de développer les institutions concernant le bien-être moral de l'ouvrier, parce qu'ils ont estimé que l'ouvrier n'était pas un simple instrument de travail que l'on met à l'écart, dès qu'il a rempli la tâche qu'on lui a confiée.

Ils ont ainsi tenu à réprouver les doctrines des économistes qui assimilent le travail à une marchandise quelconque : cette marchandise diffère des autres, en ce qu'elle a une volonté et une intelligence. C'est cette intelligence qu'ils ont voulu développer, et ils l'ont considéré comme d'autant plus nécessaire, qu'ils ont vu là un remède à un mal dont l'organisation actuelle est en partie responsable ; dans la grande industrie surtout, une division très forte du travail oblige l'ouvrier à faire pendant toute sa vie, non pas un travail dans son ensemble, mais la parcelle d'une tâche qui ne varie jamais. Il finit par l'accomplir si machinalement que son intelligence risque d'en souffrir, et on peut dire avec Adam Smith : « L'homme dont la vie entière se passe à accomplir un petit nombre d'opérations simples, devient généralement aussi stupide et aussi ignorant

qu'il est possible à une créature humaine de le devenir. » Aussi est-il bon, lorsqu'il a terminé son travail
à l'usine, que son activité soit dirigée dans un sens
qui développe les facultés, qu'il risquait de voir atro-
phiées à l'usine.

Les industriels ont vu enfin dans ce genre d'institutions un moyen de lutter contre l'alcoolisme ; l'ouvrier qui occupe son temps à lire, à assister au con-
cert où au cours d'adultes se soustrait à l'influence
malheureuse du cabaret.

Ils ont vu aussi dans ces institutions un moyen de
rétablir les bons rapports intimes qui existaient autrefois dans la petite industrie entre patrons et ouvriers. Dans la petite industrie, en effet, le patron,
loin de considérer les ouvriers comme de simples
instruments de travail, connaissait chacun d'eux en
particulier et s'intéressait à lui. Aujourd'hui, il n'en
est plus de même : les sociétés industrielles sont devenues anonymes quant à leurs capitaux et en même
temps dans les rapports entre patrons et ouvriers.
Il est impossible désormais à un chef d'industrie de
connaître chacun de ses ouvriers. L'ouvrier pourrait
donc s'imaginer facilement que le patron l'assimile
à une machine et ne s'intéresse à lui que dans la
mesure de son rendement. C'est là une des raisons
pour lesquelles tant d'ouvriers, dans un mouvement
d'hostilité contre le patron, sont passés au socialisme.

Quelques industriels (1), il est vrai, ont cherché à rétablir ces rapports qui ont disparu, ils entrent en relation avec chaque nouvel ouvrier embauché et établissent pour chacun une fiche individuelle le concernant personnellement lui et sa famille.

En instituant des œuvres destinées à instruire et récréer l'ouvrier, les patrons ont rétabli sous une autre forme les rapports personnels qui existaient autrefois entre le chef d'industrie et ses ouvriers. Ils ont montré ainsi qu'ils s'intéressaient à lui comme autrefois. Il est difficile de porter une appréciation absolue sur chacune de ces œuvres, parce que, ici plus qu'ailleurs, la valeur de l'institution dépend de l'esprit et de la vie, dont l'a animée le patron qui a fondé l'œuvre.

A. — *Institutions concernant l'enseignement.*

Les institutions d'enseignement privé créées par les industriels n'ont plus aujourd'hui l'intérêt qu'elles avaient autrefois en raison de l'enseignement que donne l'État gratuitement dans ses écoles. Elles ont pourtant encore leur intérêt, là où les industries sont écartées de tout centre habité, dans les autres cas, elles allègent d'une façon considérable le budget soit de l'État, soit des communes. Leur intervention a pris plusieurs formes : tantôt les industriels ont

(1) Gouvy (Métallurgie).

construit eux-mêmes des écoles (1), tantôt ils ont donné des subventions (2), dans d'autres cas, ils ont même pris à leur charge l'entretien du personnel, ailleurs ils ont établi des cours d'adultes, ou des asiles pour les enfants en bas âge.

B. — *Enseignement professionnel.*

Non contents de favoriser l'instruction primaire, ils ont cherché à développer l'enseignement professionnel. Le nombre des apprentis diminue tous les jours, et les raisons de la disparition de l'apprentissage sont nombreuses : dans la grande industrie, le patron a autre chose à faire que de se rendre l'instructeur d'une troupe d'apprentis ; dans la petite industrie, le patron s'y refuse, parce qu'il ne veut pas se créer de concurrents. Quant aux parents de l'enfant, ils n'y tiennent pas, parce qu'ils veulent que leurs enfants gagnent le plus tôt possible.

En Lorraine (3), au contraire, on voit un assez grand nombre d'institutions de ce genre, parce que le travail y est souvent difficile et délicat, en particulier dans les mines, la métallurgie et les industries

(1) Cristalleries de Baccarat, Solvay, Aciéries de Longwy, de Wendel, Mines de Saint-Pierremont, Mines de Moutiers.

(2) Micheville, Aciéries de Longwy, Solvay, Vincent-Ponnier, Gouvy Garnier, Mines de Moutiers, Société des Forges du Nord-Est.

(3) Cristalleries de Baccarat, Verreries de Portieux, Aciéries de Longwy, Mines de Moutiers, Aciéries de Micheville.

d'art, à un tel point qu'aux Cristalleries de Baccarat, on refuse tout ouvrier, qui n'a pas subi, dans l'industrie elle-même, un apprentissage préalable.

C. — *Enseignement ménager.*

Les industriels ont aussi favorisé toutes les institutions capables de faire de la femme de l'ouvrier une bonne ménagère, et en particulier les ouvroirs et écoles ménagères, où elles peuvent apprendre tout ce qu'il faut pour bien conduire un ménage. L'institution méritait d'autant plus d'attirer leur attention, qu'elle peut avoir sur la famille de l'ouvrier des conséquences morales considérables ; un ménage bien tenu retient en effet un ouvrier dans sa famille. Lorsqu'il est mal soigné, lorsqu'il trouve sa maison en désordre, l'ouvrier y restera moins volontiers et lui préférera le cabaret. Malheureusement la politique tend à empêcher dans bien des cas leur réussite.

D. — *Moralité.*

Nous comprendrons par là les institutions qui tendent directement à empêcher l'ouvrier à s'adonner à l'alcoolisme ; dans certaines industries, les efforts faits dans ce but ont été considérables, on y sert par exemple des boissons hygiéniques telles que bière, thé, café, lait à des prix très modiques. Dans d'autres, les industriels ont interdit l'installation d'un débit de boissons dans les maisons construites avec l'argent prêté par eux.

E. — *Institutions de récréation.*

Les industriels ont aussi développé dans une large mesure les institutions pour récréer l'ouvrier ; les uns ont eu recours à la formation de sociétés de musique et de gymnastique (1) ; d'autres ont construit des salles de fêtes avec cinématographe (2), d'autres ont fondé des bibliothèques ou des cercles. Toutes ces institutions, et en particulier les cercles, sont un des meilleurs instruments de paix sociale qui puisse exister dans un établissement industriel, parce qu'elle manifeste plus visiblement à l'ouvrier la sympathie que le patron peut lui porter. Il fait disparaître en dehors de l'usine toute question de hiérarchie pour faire régner la plus franche cordialité entre inférieurs et supérieurs sans que pour cela l'autorité de ces derniers soit appelée à en souffrir, car rien n'empêche d'user avec force de toute son autorité, dès qu'on est de nouveau dans le service. Cette initiative a eu les meilleurs résultats par exemple dans une des plus importantes industries des Vosges (3). Il semble que ces cercles soient à recommander, là où les ouvriers sont animés de sentiments hostiles à l'égard de l'industriel ; en assurant ainsi des rapports plus fréquents entre patrons et ouvriers en dehors de l'usine,

(1) Aubrives-Villerupt, Nord-Est, Aciéries de Micheville, Solvay, Vincent-Ponnier, Gouvy, Mines de Moutiers, etc.
(2) Imprimerie Mazerand, Mines de Moutiers.
(3) Blanchisserie de Thaon.

on permet à chacun de s'apprécier davantage, la confiance renaît et l'ouvrier est bientôt à même de s'apercevoir du mal fondé de ses craintes. Ces idées ont été mises en pratique en particulier à Dieulouard, à la Société Gouvy : l'animosité était si grande chez les ouvriers qu'on accusait les patrons de mettre dans leur poche l'argent de la coopérative.

Non seulement la Société Gouvy a formé un cercle, mais elle a encore, pour donner satisfaction au goût d'indépendance de l'ouvrier, greffé ce cercle sur un syndicat. Estimant que ces mesures étaient encore insuffisantes, elle a créé des fiches individuelles concernant l'ouvrier et sa famille pour montrer ainsi l'intérêt qu'elle leur manifestait.

Toutes ces idées sont d'ailleurs en faveur dans de nombreuses industries, ainsi M. Lederlin, le directeur d'une des usines les plus importantes des Vosges, qui compte 2.400 ouvriers, s'exprimait ainsi :

Les chefs d'industrie ne sauraient trop encourager ces sociétés tout en leur laissant la plus grande indépendance, car les excursions et les banquets dont elles font naître l'occasion, sont des réunions empreintes de la plus grande cordialité, et où toutes les catégories d'un même personnel se coudoient sans distinction de grades ou de positions sociales. »

Quelques-uns ont, il est vrai, attribué une importance particulière aux banquets (1).

(1) Sté des Hts-Fourneaux et Fonderies de Pont-à-Mousson.

L'institution est excellente, à la condition qu'ils ne soient pas l'une des principales institutions patronales, que leur importance ne soit pas développée au détriment des autres institutions.

Quant aux cercles (1), formés entre employés exclusivement, ils sont aussi utiles que ceux étudiés ci-dessus et pour les mêmes raisons : ils font cesser la hiérarchie qui existait dans le service pour faire place à la plus franche cordialité. Le prestige des uns ou des autres n'est aucunement appelé à en souffrir, car rien n'empêche de faire valoir de nouveau toute son autorité, dès qu'on est de nouveau dans le service.

On peut même dire que ces cercles d'employés sont de la plus grande utilité pour l'industriel lui-même, parce qu'ils créent entre employés une solidarité et une bonne entente qui ne peuvent être que favorables à la bonne marche du service.

F. — *Institutions concernant le culte.*

Il faut réserver une place spéciale aux institutions concernant le culte. Un certain nombre d'industriels ont favorisé les institutions susceptibles de développer chez l'ouvrier le sentiment religieux.

En soi, c'est une bonne institution, parce que si nous nous plaçons sur le terrain de la morale, nous pouvons dire que toutes les religions peuvent avoir,

(1) Aciéries de Longwy, Solvay.

quant à l'ouvrier, des résultats heureux : elles développent en lui le sentiment de l'intérêt général puisqu'elles lui enseignent à se sacrifier pour son prochain, elles développent en lui l'esprit de famille.

Il semble donc quece soit une obligation pour le patron, d'engager ses ouvriers à suivre les rites de la religion, qui contiennent des préceptes de morale aussi recommandables. Mais, l'inconvénient est que ces préceptes sont liés à des croyances sur lesquelles tout le monde n'est pas d'accord, on risque donc d'atteindre leur liberté de conscience, aussi vaut-il mieux ne pas imposer ces croyances, car on risquerait fort d'atteindre le résultat contraire à celui cherché. Est-ce une raison pour le patron de s'abstenir, nous ne le pensons pas : il est bon que le patron encourage des œuvres religieuses, qui peuvent avoir sur l'ouvrier une influence morale aussi heureuse. Mais il ne faut pas que cette intervention soit oppressive. Elle devra être d'autant plus discrète, qu'étant donné l'esprit de méfiance de l'ouvrier, celui-ci interprétera comme une atteinte à sa liberté de conscience, des actes qui, bien souvent, n'ont pas eu la prétention de le faire.

Cette intervention pourra paraître d'autant plus suspecte aux ouvriers que le patron, dans la plupart des cas, ne favorisera uniquement que les œuvres religieuses de la religion à laquelle il appartient. Elle pourra paraître encore plus suspecte, lorsque cet industriel fera de la politique, parce que les ouvriers

l'accuseront facilement d'utiliser la religion comme
un moyen facile pour arriver à ses fins. Aussi ne
peut-on dire, d'une manière générale, si cette intervention est bonne : c'est là une question de fait qui
exige un grand doigté. Telle politique religieuse, qui
a eu dans les filatures Harmel, au Val-de-Grâce, des
résultats excellents, pourra donner ailleurs des résultats détestables.

Ces considérations ont amené les industriels à favoriser le culte auquel appartenaient la plus grande
partie de leurs ouvriers ; tantôt ils ont participé à la
construction d'églises (1), tantôt ils ont construit eux-
mêmes à l'intérieur de l'usine des chapelles (2), quelquefois même ils ont attaché un aumônier à leur
service.

Pour manifester le respect qu'ils avaient de la liberté de conscience, quelques-uns n'ont pas hésité
à subventionner, non seulement des sociétés religieuses, mais encore des sociétés de libre pensée. Il
est vrai qu'ils ont quelquefois agi ainsi pour s'assurer
dans les deux partis des partisans capables de mieux
servir leurs intérêts.

Nous avons ainsi étudié les différentes combinaisons adoptées par les industriels pour l'organisation

---

(1) Solvay, Cristalleries de Baccarat, Hauts-Fourneaux de
Maxéville, De Wendel.
(2) Hauts-Fourneaux de Maxéville.

de leurs institutions patronales. Nous avons essayé de montrer, d'autre part, les avantages qu'avaient patrons et ouvriers à l'existence de ces institutions. Cette étude nous a en outre permis de faire ressortir les efforts considérables tentés par un certain nombre d'industriels pour améliorer le sort de l'ouvrier. Nous devons seulement regretter que le nombre des industriels entrés dans cette voie ne soit pas plus nombreux.

DOCUMENTS

RELATIFS

A L'ENQUÊTE

CHAPITRE PREMIER
PRODUITS CHIMIQUES

SOLVAY ET CIE

Les usines que la Société possède à Dombasle ont été fondées en 1872. Elles sont situées sur un gisement salifère entre la Meurthe et la Marne au Rhin. Elles sont outillées pour pouvoir produire jusqu'à 220.000 tonnes de soude et occupent 2.400 à 2.600 ouvriers. La Société possède en outre des carrières à Aingeray (Meurthe-et-Moselle). La Société paie en appointements et salaires une somme de 4.500.000 francs par an ; de même, chaque année, elle paie aux Compagnies de chemins de fer et de batelage 3.300.000 francs de transports.

Caisse de retraite pour les employés et les contremaîtres

Cette caisse, alimentée exclusivement par les libéralités de la Société Solvay, a pour but de procurer aux employés la propriété d'un capital au moment de la retraite. Les allocations constituent une moyenne annuelle de 20 o/o des appointements et doivent, au bout de 25 ans, former un capital représentant huit à dix fois leurs appointements moyens.

Cette caisse a été fondée en 1889. Les allocations sont versées au fonds de la Société. Les employés ne peuvent prétendre à aucun droit sur les sommes portées à leur compte individuel, jusqu'à ce qu'une décision en autorise la liquidation.

Montant des allocations. — Les caisses sont alimentées par les allocations de la Société, dès que les bénéfices sont suffisants pour assurer au capital un revenu d'au moins 10 o/o, elle verse une allocation représentant 10 o/o du traitement des employés ayant plus d'un an et moins de six ans de service ininterrompu, — 15 o/o du traitement des employés ayant six à dix ans de service, — 20 o/o du traitement des employés ayant onze à quinze ans de service, — 25 o/o du traitement des employés à ceux ayant de seize à vingt ans de service, et de 30 o/o du traitement des employés ayant vingt et un ans de service et au delà.

Conditions pour avoir droit à la retraite. — Les allocations de retraite sont liquidées en totalité au profit de l'employé, dans les conditions suivantes : 1° S'il est mis à la retraite après avoir atteint l'âge de 55 ans accomplis ou après avoir atteint l'âge de 50 ans, s'il a au moins 20 ans de service, ou après 25 ans de service sans conditions d'âge.

2° S'il est congédié sans aucun motif de mécontentement ou s'il devient incapable de faire son service à la suite d'infirmités.

Liquidation de la retraite. — Si l'employé quitte volontairement la Société ou s'il est démissionné ou révoqué, son actif à la caisse est à la disposition des gérants qui peuvent, soit décider qu'il n'y a pas lieu de liquider ses allocations et les verser au fonds additionnel, soit tenir la décision en suspens, soit liquider ses allocations en tout ou en partie.

Toutefois, lorsqu'il s'agit d'un employé ayant plus de 12 ans de services, le refus de liquidation ne peut porter que sur la moitié au maximum du total de son compte, et sur le tiers, lorsque l'employé a 18 ans de services.

Les caisses sont sous l'autorité des gérants qui statuent en dernier ressort, sans appel ni recours sur toutes les questions qui peuvent se présenter. Dans chaque établissement, il est institué un comité consultatif de trois ou cinq membres élus par les participants et parmi eux, pour donner son avis sur les points à décider et en particulier sur l'emploi des fonds.

Les sommes à lui dues sont retenues pendant 5 ans et à titre définitif s'il ne respecte pas les engagements contractés par lui.

Les fonds de chaque caisse sont placés en fonds d'État.

Droits de la veuve. — En cas de décès d'un employé pendant qu'il est au service de la Société, les sommes portées à son compte sont remises à sa veuve, à ses descendants et ascendants dans les proportions et de la manière déterminée par les gérants, après avoir pris l'avis du comité consultatif. S'il ne laisse ni veuve, ni ascendants, ni descendants, son avoir est versé au fonds additionnel.

Base et importance des allocations. — Les allocations sont proportionnelles aux appointements et à la durée du service. Elles constituent une moyenne de 20 o/o des appointements et doivent, au bout de 25 ans, former un capital représentant huit à dix fois leurs appointements moyens. De 1899 à 1909, les allocations de la Société ont varié de 104. 344 francs, à 205. 880 francs en 1908, et les intérêts de ces sommes de 24.489 francs à 60.342 francs.

Subvention aux sociétés de secours mutuels.

La Société a fait une donation de 150. 000 francs à la mutuelle la *Prévoyante nancéienne* afin d'augmenter les pensions des sociétés de secours mutuels.

Retraite pour la vieillesse au profit des ouvriers (1).

L'affiliation à la Caisse nationale des retraites pour la vieillesse existe depuis 1889 et est obligatoire. Une

(1) Après 35 ans de service, un salaire de 100 francs par mois lui assurait une pension de 336 fr. 82 et un capital de 2.529 francs à capital réservé et une pension de 570 fr. 08 à capital aliéné.

retenue de 1 1/2 o/o est effectuée sur les salaires : la Société y ajoute une somme égale à 3 o/o. Pour récompenser les anciens ouvriers, la Société opère à la fin de chaque année, et au compte de tout ouvrier affilié à la caisse, ayant plus de dix ans de service effectif, un versement spécial de 1 franc par année de service, soit 10 francs après 10 ans, 11 francs après 11 ans, etc.

Le versement de l'ouvrier profite pour moitié à sa femme, mais celui de la Société profite exclusivement à l'ouvrier. Tous les versements étaient effectués à capital réservé. Lors du décès de l'ouvrier, la moitié du capital provenant de la Société revient, le cas échéant, à sa femme survivante, le reste est remboursé à ses ayants droit.

L'âge d'entrée en jouissance de la pension est 60 ans. La participation à la caisse est administrée par une commission composée de deux délégués des gérants et de trois ouvriers, choisis par les affiliés. La comptabilité est tenue par un employé mis gratuitement à la disposition de l'administration par la Société.

Pendant la première année de service, bien que les retenues soient opérées sur son salaire, aucun versement de la Société n'est effectué. C'est seulement après la première année, qu'on verse à la Caisse des retraites les retenues et la subvention de la société. Aux ouvriers à son service, avant la promulgation du dit règlement, la Société a versé un premier versement de 12 francs par année de service, pour les engager à s'affilier à la

Caisse des retraites. Ceux âgés de 45 ans, ne pouvant obtenir à 60 ans qu'une pension dérisoire, peuvent verser les subventions de la Société et les retenues sur leur salaire à la caisse d'épargne de l'Etat, sous réserve de remboursement de capital à l'âge de 60 ans.

Au 31 décembre 1908, les versements de l'ouvrier depuis l'origine s'élevaient à 542.092 fr. 15, les sommes représentant les subventions de la Société, et égales à 3 o/o du salaire, à 1.084.212 fr. 85, les primes d'ancienneté à 140.416 francs, les versements de la caisse d'épargne de l'Etat à 20.484 francs. L'emploi des fonds était ainsi réparti : à la Caisse de retraite de l'Etat : 1.559.603 francs ; à la caisse d'épargne de l'Etat 191.581 francs ; à la caisse de la Société 45.068 francs ; soit au total 1.796.253 francs. Il faut ajouter aux sommes ainsi versées les primes d'ancienneté qui s'élèvent, depuis l'origine à 29.532 francs. Quant au nombre des ouvriers affiliés, il s'élevait à 2.482.

Maladie.

Le service de santé existe depuis 1873. Il a été réorganisé ainsi qu'il suit en 1881 : les ouvriers et employés, ainsi que tous les membres de leurs familles, habitant avec eux, reçoivent des soins médicaux, sans aucune retenue sur leur salaire. Trois médecins attachés au service de la Société visitent les malades à domicile. Les ouvriers, malades ou incapables de travailler, reçoivent une allocation journalière qui varie de la moitié à la totalité du salaire suivant les circonstances, le temps de service, les charges de famille, sans qu'on opère une retenue sur leur salaire. Les femmes en couche reçoivent une allocation de 25 francs.

Frais pharmaceutiques.

Quand les ouvriers ont deux ans de service ininterrompu, la Société prend à sa charge la totalité des frais pharmaceutiques pour eux et leur famille. Les ouvriers ayant moins de deux ans de service, ont à leur charge le tiers des frais pharmaceutiques, lorsqu'il s'agit d'un membre de leur famille. Ces différents services ont occasionné des dépenses qui se sont élevées pour 1.631 ouvriers en 1900 à 8.420 francs pour frais médicaux, à 13.429 francs pour frais pharmaceutiques, à 28.847 francs pour allocations aux malades et blessés, à 6.863 francs pour frais d'hôpital, à 955 francs pour allocations d'accouchement ; en 1905 elles s'élevaient, pour 1.927 ouvriers, respectivement à 11.858 francs, 31.060 francs, 53.940 francs, 7.322 francs, 1.220 francs ; en 1907 elles s'élevaient respectivement, pour 2.510 ouvriers, à 15.039 francs, 23.378 francs, 75.714 francs, 9.924 francs, 1.445 francs ; en 1909 elles s'élevaient respectivement, pour 2.081 ouvriers, à 15.250 francs, 21.602 francs, 57.969 francs, 12.498 francs, 1.425 francs. De 1890 à 1899, pour un nombre de 1.689 ouvriers, la moyenne avait été respectivement de 7.738 francs, 9.167 francs, 23.996 francs, 6.333 francs, 906 francs.

Hôpital.

L'hôpital étant devenu insuffisant, la Société en a fait construire un autre en 1909. Il se compose d'un bâtiment central de 22 mètres de longueur sur 13 mètres de largeur avec deux ailes de 19 mètres de longueur sur 10 de largeur. Il contient en particulier une salle d'opérations, des salles de stérilisation, un laboratoire de radiographie. Il peut recevoir 30 malades. Le traitement y est gratuit. Les femmes et les enfants des ouvriers peuvent aussi y être admis.

Accidents.

La Société assurait déjà ses ouvriers avant la loi sans aucune retenue sur leurs salaires, aussi bien pour les incapacités permanentes que temporaires. Quant à ces dernières, elles donnaient et continuent à donner droit à des indemnités représentant la totalité des journées de travail pendant tout le temps de l'interruption. Les primes payées aux Compagnies d'assurances se sont élevées en 1900, pour 1.631 ouvriers, de 18.711 francs à 49.563 francs en 1909 pour 2.081 ouvriers. De 1890 à 1899, la moyenne avait été de frs. 14.924.

Allocation de décès.

Une allocation de 50 francs est allouée à la famille en cas de décès de l'ouvrier et de 25 francs en cas de décès d'un membre de sa famille.

Hygiène.

Un établissement de bains est réservé au personnel de la Société et aux familles des ouvriers. Il se compose d'un bâtiment d'une superficie de 3o5 mètres carrés et comprend des bains ordinaires, des bains douches et des cabines pour massage. Un autre bâtiment d'une superficie de 22 mètres sur quatre mètres cinquante a été construit dans un autre emplacement. Le nombre des bains pris a varié de 1900 à 1910 de 15.529 à 26.370.

Assistance.

Un fonds de secours a été institué pour remédier aux grandes infortunes. Il est administré par un comité composé de dames patronnesses et d'ingénieurs. Pour assurer son bon fonctionnement, les dames patronnesses se chargent elles-mêmes de la distribution des secours.

Allocations aux familles nombreuses.

Des salaires supplémentaires sont accordés aux familles qui ont de nombreux enfants. L'importance en varie avec le nombre des enfants.

Logements.

La Société avait construit jusqu'en 1908, 46o logements abritant 2.900 personnes. En 1909, le nombre en est monté à 6oo. Le coût de la maison s'est élevé, suivant

les types, à 3.660 francs pour le type I, 4.130 francs pour
le type II, 4.770 francs pour le type III, 5.270, francs,
pour le type IV, 7.775 pour le type V. Le type I comprend des maisons contiguës. Le terrain entre pour une
somme de 160 francs à 270 francs. Les types II, III, IV
et V sont des maisons doubles contenant deux logements nettement séparés. Ces dernières sont les plus
nombreuses ; elles contiennent en effet 540 logements,
tandis que les premières n'en contiennent que 62. Toutes
se composent d'un rez-de-chaussée comprenant une
chambre et une cuisine, un premier étage avec deux
chambres, une mansarde et un grenier ; elles ont une
cave séparée ainsi qu'un jardinet mesurant en moyenne
un are à deux ares de terrain. Quant aux maisons d'employés, le prix en varie de 5.000 francs à 50.000 francs.

Le loyer varie suivant le type de maison habité. Le
type I se loue 220 francs, et les autres représentant des
maisons doubles séparées se louent de 144 à 180 francs
par an, soit de dix à quinze francs par mois. Quant aux
employés, ils sont logés gratuitement. Le revenu net du
capital ressort, déduction faite de tous les frais, à
1 1/2 o/o, et à o fr. 90 o/o, si on en déduit les remises de
loyer. Il représenterait sinon un revenu de 3 1/2 o/o,
et encore à cette condition que tous les logements soient
toujours occupés. Il sert d'ailleurs à couvrir en partie
les frais d'amortissement, d'entretien et de surveillance.

Réduction de loyer. — Les ouvriers, qui ont une nombreuse famille bénéficient de remises de loyer qui va-

rient avec le nombre des enfants et des années de service. Elle sont fixées ainsi qu'il suit : 25 o/o du loyer aux ouvriers ayant 2,3, 4, 5, 6, 7 enfants et ayant respectivement 7, 6, 5, 2, 1 années de service, — 50 o/o du loyer aux ouvriers ayant 2, 3, 4, 5, 6, 7 enfants et ayant respectivement 14, 12, 10, 6, 4, 2 années de services, — 75 o/o du loyer aux ouvriers ayant 2, 3, 4, 5, 6, 7 enfants et ayant respectivement 21, 18, 15, 10, 7, 4 années de service, — 100 o/o aux ouvriers ayant 2, 3, 4, 5, 6, 7 enfants et ayant respectivement 28, 24, 20, 14, 10, 6 années de service, ou entrant à l'usine avec 9 enfants. Ceux qui ont élevé des porcs bénéficient d'une remise d'un mois de loyer, 54 remises ont été ainsi accordées.

Prêts pour la construction de maisons.

Un service de prêts aux ouvriers pour l'achat ou la construction de maisons existe depuis 1892. Jusqu'ici les remboursements se sont effectués régulièrement. L'institution rend de grands services aux ouvriers, car elle leur permet de devenir propriétaires en dix ans moyennant des versements annuels qui excèdent à peine le prix d'un loyer ordinaire. D'ailleurs ils peuvent prendre des locataires, ce qui leur facilite le paiement de leurs annuités. De 1899 à 1909 inclus, 887 ouvriers y ont eu recours. La moyenne des prêts par ouvrier s'est élevée de 2.562 francs en 1899 à 3.081 francs en 1908. En 1909, 132 ouvriers avaient emprunté 420.373 francs,

sur lesquels 280.202 ont déjà été rembot   es conditions du prêt sont les suivantes : l'ouvrier devra posséder le terrain ou le cinquième nécessaire à l'acquisition de la maison. La Société lui avance le surplus
jusqu'à concurrence de 2.500 francs. Cette créance devra
toujours lui être garantie par un privilège ou une hypothèque lui permettant d'être payée en premier lieu.
Le taux de l'intérêt de la somme prêtée est de 2 o/o. Le
remboursement du capital se fait par annuités dont le
nombre ne pourra jamais dépasser 12. Les versements
anticipés lui donnent un intérêt de 3 o/o. Si l'ouvrier
quitte la Société, il devra continuer ses versements mensuels, mais l'intérêt des sommes dues sera porté à 4 o/o
à partir du jour de son départ. En cas de transmission
de la propriété de l'immeuble par quelque mode que
ce soit, à des personnes autres que la veuve ou les enfants du bénéficiaire, ou un ouvrier de la Société, celle-
ci aura droit d'exiger le paiement immédiat du solde de
l'avance par elle faite. Si elle permet la continuation du
paiement par annuités, l'intérêt des sommes dues
pourra être porté à 5 o/o. En cas de non-paiements
réguliers, elle pourra accorder des délais ou demander
la vente de l'immeuble. Sauf exception, l'ouvrier à qui
le prêt sera consenti, ne pourra installer dans son
immeuble, tant qu'il n'aura pas acquitté intégralement
sa dette de cabaret ou de débit de boissons. Le présent
règlement ne crée aucun engagement pour la Société
Solvay, qui se réserve d'examiner les demandes et de

refuser un prêt d'argent, même si l'ouvrier qui le sollicite se trouve dans les conditions énumérées ci-dessus.

Location des terres de culture.

Dans le but d'augmenter les ressources de l'ouvrier par la culture, la Société concède gratuitement à son personnel ou lui loue à des conditions réduites un grand nombre de parcelles de terrain. Les concessions gratuites contiennent 7 hectares. Quant aux locations à prix réduit, elles appartenaient en 1908 à 426 locataires et comprenaient 3 hectares 22 ares de luzerne et 35 hectares 58 ares pour cultures diverses. Les prix auxquels on loue ces terrains sont au moins inférieurs de 30 à 35 o/o à ceux pratiqués dans la région. La Société pratique en outre à ses frais le labour des terrains et les fume tous les deux ou trois ans. Les ouvriers peuvent en profiter d'autant plus que la journée de travail est réduite à huit heures de travail pour les postes continus et à neuf heures et demie pour les autres postes.

Avances pour achat de machines à coudre.

La Société fait les avances nécessaires aux ouvriers qui veulent avoir des machines à coudre. Ils peuvent se les procurer à des prix très réduits, grâce à une convention passée par la Société avec les fournisseurs. Elle prête gratuitement des locaux pour des ateliers de couture etc., qui procurent du travail aux femmes et aux filles de ses ouvriers.

Caisse d'épargne pour ouvriers et employés.

Il a été fondé en 1877 une caisse d'épargne dans le but d'encourager l'épargne, il est servi aux déposants un intérêt de 5 o/o. Peuvent opérer des dépôts : les ouvriers et employés dont le traitement est inférieur à 3.000 francs. Le maximum des dépôts est limité à 5.000 francs. La moyenne des dépôts de 1890 à 1899 était, pour 327 comptes, de 312.329 francs et les intérêts servis à 14.367 francs ; en 1901 le nombre des comptes était de 488, les sommes déposées de 462.367 francs et les intérêts servis de 21.878 francs ; en 1903 ils s'élevaient à 592 avec 571.789 francs et 26.396 francs d'intérêt ; en 1907 ils étaient de 683 avec 808.170 francs et 37.064 francs d'intérêt, en 1909 ils étaient 783 avec 983.748 francs et 46.068 francs d'intérêt.

Cantine et coopérative.

La Société avait institué une cantine destinée à assurer le logement et la pension des célibataires, qui ne pouvaient trouver le nécessaire dans la commune. Cette cantine n'a plus aujourd'hui de raison d'être, la cessation des travaux, pour lesquels ces ouvriers avaient été employés, ayant dû provoquer le renvoi de ceux-ci. Le prix de la pension était de deux francs par jour, ce qui constituait pour la Société une perte de 12 à 15 o/o environ. Des cantines ont été aussi installées à Aingeray (Meurthe-et-Moselle), mais là elles répondent à des besoins plus pressants et elles subsistent.

La Société a favorisé la formation d'une coopérative en avançant une somme de 100.000 francs pour la construction de ses locaux.

Allocations diverses.

Indemnité pour service militaire. — L'indemnité accordée aux ouvriers faisant une période dans la réserve ou l'armée territoriale représente la moitié du salaire journalier ; elle est réglée en fin d'année et lorsque l'ouvrier n'a pas quitté le service de l'usine, ou immédiatement s'il a deux années de service ininterrompu.

Primes d'ancienneté. — Après 25 ans de service, des cadeaux d'une valeur de 1.000 francs sont donnés aux employés. Les ouvriers eux reçoivent une gratification fixe de 200 francs.

Institutions concernant le bien-être moral.

Société de musique et de gymnastique. — La Société Solvay prend à sa charge tous les frais qu'exigent la société de musique et de gymnastique. Ces dépenses pour 70 exécutants se sont élevées, de 1890 à 1899, à une moyenne annuelle de 9.480 francs pour la société de musique. En 1909, la dépense s'élevait à 13.688 francs.

La société de gymnastique comprend 160 membres. Des bâtiments qui lui ont été aménagés ont entraîné une dépense de 50. 000 francs. Un stand pour société de tir ayant coûté 35. 000 francs a été construit en 1900. Il a été aussi construit un casino dans lequel on donne des concerts.

Bibliothèque populaire. — Elle comprenait, en 1908, 5.700 volumes. La subvention de la Société est en moyenne de 700 à 800 francs par an.

Ecole ménagère. — *Ouvroir*. — La Société a provoqué la création de cours ménagers à l'école primaire, elle fournissait le matériel indispensable, les vivres employés pour les leçons de cuisine, ce qui occasionnait une dépense annuelle de 300 francs en moyenne. Il a été construit une école ménagère en 1909, grâce à l'appui financier de la Société. Celle-ci paie en outre les cotisations des jeunes filles, qui fréquentent l'ouvroir de Dombasle.

Ecoles et culte. — Des écoles d'une valeur de 228.500 francs ont été données à la ville de Dombasle par la Société. Des subventions d'une valeur de 320.000 francs ont été accordées à l'Université de Nancy. Des bourses sont accordées aux élèves méritants pour une somme annuelle de 300 francs en moyenne.

La Société a participé pour une somme importante à la construction d'une église.

Un cercle pour employés est en formation. Un local spécial lui sera affecté.

Stabilité du personnel.

La stabilité du personnel était ainsi constituée en décembre 1908 : le nombre des ouvriers ayant moins de un an était de 686, de un à trois ans : 568. de 5 à 10 ans de 263, de 10 à 15 ans de 233, de 15 à 20 ans de

289, de 20 à 25 ans de 148, et au-dessus de 25 ans de 129. Le 31 décembre 1909, il s'élevait respectivement pour ces périodes à 130, 753, 181, 275, 225. Le nombre de ceux ayant plus de 15 ans de services s'élevait pour la même année à 517.

BLANCHISSERIE ET TEINTURERIE
DE THAON

La Société occupe 2.408 ouvriers. dont 1.706 hommes et 702 femmes.

Institutions concernant le bien-être matériel.

Logement. — Des maisons ouvrières ont été construites par la Société depuis 1872, chaque ménage avait son entrée particulière, sans voisin ni au-dessous ni au-dessus de lui, chaque logement étant séparé par un mur de refend. Ce type de maison est loué de 10 à 12 francs par mois. Un autre type est loué à 15 francs par mois : il comprend un rez-de-chaussée, 2 chambres à coucher, une chambre familiale et une cuisine, au premier étage 2 chambres et un grand grenier.

Il existe aussi des maisons collectives avec logements de 20 à 24 francs par mois, affectées aux employés de l'usine, d'autres logements sont loués jusqu'à 60 francs par mois à des employés supérieurs. A chaque maison est annexé un jardin.

Facilités accordées à l'ouvrier pour la construction de maisons. — Un prêt hypothécaire est consenti aux ouvriers, qui construisent ainsi des maisons sur des plans et devis choisis par eux. Mais, il est stipulé dans l'acte de vente de terrain, qu'il ne pourra jamais être créé de débit de boissons dans les immeubles construits sur ces terrains. La Société intervient seulement pour assurer la construction des maisons dans de bonnes conditions de sécurité et d'hygiène. Le terrain à bâtir vaut environ 10 francs le mètre et appartient à l'usine qui le vend à l'ouvrier 2 francs le mètre. L'eau et l'électricité lui sont données gratuitement.

Les habitations ouvrières de Thaon couvrent un espace de 10 hectares 64 ares et sont entourées de rangées d'arbres, au centre desquelles s'élève un kiosque à musique. Elles sont au nombre de 256, dont 111 contiennent 244 logements qui sont la propriété d'ouvriers.

Parmi les logements en location, on en compte 42 à 10 francs par mois, 58 à 12 francs par mois, 98 à 14 et 15 francs et 54 de 16 à 20 francs et 12 au-dessus de 20 francs par mois.

Institutions de prévoyance.

Caisses des pensions et retraites. — La Caisse de Prévoyance a son capital formé par des subventions patronales et des cotisations ouvrières. Les subventions patronales sont fournies par un prélèvement annuel de 5 o/o, fait en faveur des ouvriers sur le bénéfice net de l'usine, et de l'intérêt à 4 o/o de ces sommes accumulées. Les cotisations ouvrières sont produites par une retenue de o fr. o5 centimes par quinzaine, sur le salaire des ouvriers. Ces sommes réunies forment un total de 1o5.ooo francs environ chaque année qui sert à payer les pensions et retraites au nombre de 1o5 — des secours mensuels de 1o francs donnés en supplément des retraites ou salaires aux ouvriers nécessiteux, des secours aux familles nombreuses, à l'entretien de l'Hôpital, à accorder des subsides aux Sociétés de musique et de tir. L'excédent vient grossir le capital et reste la propriété exclusive des ouvriers. Le chiffre minimum des retraites est de 36o francs pour les femmes et de 48o pour les hommes. Les retraites sont accordées, après 15 ans de service ou dès qu'il y a incapacité de travail.

Maladies.

Il a été formé en 1873 une Société de secours mutuels. Elle possède un capital de 267.6o3 francs. Cet actif est formé par les versements des ouvriers membres de la Société, auxquels il est fait chaque quinzaine une retenue de 1 o/o sur leurs salaires. Il est fait, de plus, une retenue de o fr. o5 pour le fonds de secours à la vieillesse. Les hommes mariés, ayant des enfants, paient o fr. 45 par quinzaine pour que leurs femmes et enfants aient droit aux frais médicaux et pharmaceutiques. Tout sociétaire malade reçoit les soins médicaux et pharmaceutiques et un secours par jour de maladie égal à la moitié de son salaire moyen pendant ses trois derniers mois, sans que l'allocation puisse dépasser 2 fr. 50 par jour.

En cas de décès, la famille a droit à 30 francs ; si l'ouvrier décédé a moins de 18 ans, la somme est réduite à 20 francs.

Allocation militaire. — La famille reçoit une allocation égale à la moitié du salaire de ses six dernières quinzaines avec un maximum de 2 fr. 50 par jour.

Depuis 1873, le total des cotisations des membres ouvriers s'est élevé à la somme de 617.664 francs, et le capital en caisse est de 267.603 francs. Le total des secours distribués a été de 168.233 francs, la valeur des médicaments de 220.000 francs, le chiffre total des honoraires des médecins de 190.000 francs, le chiffre total des prêts consentis : 457.949 francs, sur lesquels 196.380 francs ont été remboursés, et les secours médicaux de 134.855 francs, pour naissance de 66.140 francs, de secours pour décès de 4.776 francs, de dots aux filles 6.840 francs, d'allocations aux réservistes de 21.059 fr.

Hôpital. — Un hôpital bâti en 1902 possède 25 chambres. Il a coûté 125.000 francs, les frais d'hôpital se sont montés en 1903 à 39.155 francs. Deux médecins sont spécialement attachés à l'établissement.

Institutions concernant le bien-être moral.

Bibliothèques. — *Cours de dessin.* — Une bibliothèque avec salle de lecture a été instituée.

Un cours de dessin gratuit, fondé en 1878, est professé par un professeur de l'école supérieure et un membre du personnel. On y admet les jeunes gens qui appartiennent ou non au personnel. 70 à 80 élèves le fréquentent.

Société de musique, etc... — Il a été formé entre les membres du personnel des sociétés de musique, de gymnastique, de chant et de tir. Des promenades organisées permettent de resserrer les liens entre le personnel sans aucune distinction de grade ou de position sociale.

La Société Lederlin a contribué à la construction d'un stand pour le tir.

Lavoir. — Il a été construit en 1902 au centre des cités un lavoir avec essoreuses, séchoirs, d'une valeur de 20.000 francs. Le linge des ouvriers célibataires ou veufs est lavé à façon et rendu séché au prix de o fr. 02 le kilog. Il en a été lavé dans ces conditions environ 356.966 kilogs, soit 8.000 kilogs en moyenne par mois.

Crèche et garderie. — Une crèche pouvant recevoir 150 à 200 enfants est en construction, elle est élevée sur un terrain de 5.000 mètres carrés et doit recevoir les enfants des ouvriers et de ceux n'appartenant pas à l'usine. Pour assurer son indépendance, on en a fait une société indépendante à laquelle on a attribué la propriété de l'immeuble.

Alimentation. — Dans le but de procurer aux jeunes ouvriers et ouvrières pendant la période critique de la croissance, de 13 à 16 ans révolus, l'appoint nécessaire d'alimentation, il leur est distribué à tous, chaque jour à midi un sandwich composé de 100 grammes de viande. Il a été distribué ainsi 170 sandwichs par jour, soit depuis 1899 environ 520.000. Il est vendu dans des kiosques installés à l'abord de l'usine, tous les matins de 5 à 6 heures, du café chaud et du thé ainsi que du vin à raison de o fr. o5 le verre.

Le lait y est donné à discrétion et gratuitement. Ces mesures sont destinées à combattre l'alcoolisme.

Cantine. — Un réfectoire est installé, on y vend du bouillon à o fr. o5 la portion, du bouillon avec viande et légumes à o fr. 10, du vin à o fr. o5 le verre, et du café au même prix.

Hygiène. — Un établissement de bains-douches y a été construit depuis 1886.

Dot. — Les jeunes ouvrières qui auront versé leur cotisation depuis 5 ans, recevront le jour de leur mariage une allocation de 3o francs.

SOCIÉTÉ ANONYME DES VERRERIES DE VALLERYSTAL ET PORTIEUX

Caisse de secours et de retraites des ouvriers.

Tous les ouvriers sont obligés d'en faire partie. Les recettes de la caisse se composent : 1° Des cotisations mensuelles de tous les membres fixées à 1 o/o de leur salaire.

2° Des amendes pour contravention aux règlements d'atelier.

3° Des versements faits par la Société et égaux à ceux effectués par les membres de la caisse.

4° De l'intérêt à 4 o/o de l'actif de la caisse, tant que les fonds se trouveront entre les mains de la Société.

5° Des dons faits à la caisse. Il a été alloué en effet chaque année par la Société une somme de 3o.ooo fr.

Obligations de la caisse. — Elles sont fixées ainsi qu'il suit :

A. — Paiement du médecin pour soigner gratuitement tout membre malade et sa famille habitant sous le même toit. Le choix du médecin est libre.

B. — Paiement de la moitié des médicaments prescrits par le médecin.

C. — Paiement d'une indemnité fixée ainsi qu'il suit : le tiers du salaire pour tout salaire inférieur à 3o francs et une indemnité, variant de o fr. 5o à 2 fr., pour les salaires compris entre 31 et 176 francs et au delà.

D. — Contribution aux frais d'enterrement jusqu'à concurrence de 2o francs, quand le conseil de la caisse le décidera.

E. — Une pension de retraite ou un secours temporaire à tout membre qui, en raison de son âge, d'infirmité ou de maladie, n'est plus apte au travail.

F. — Allocation de secours aux familles nécessiteuses.

G. — Indemnité de 25 francs aux femmes accouchées,

sans qu'il y ait lieu d'accorder l'indemnité de maladie. Quant à l'indemnité de maladie, elle ne peut durer plus de trois mois, et ne saurait être accordée quand elle est le résultat d'une mauvaise conduite.

La Société des Verreries prend à sa charge le paiement des appointements d'un médecin et de la sage-femme.

Administration de la caisse. — La caisse est administrée par un conseil composé :

1° Du directeur de l'établissement, qui en sera le président de droit.

2° Du chef de comptabilité.

3° De sept membres permanents composés de deux verriers, deux tailleurs et trois autres ouvriers.

Le Comité statue sur le placement des fonds, sur les demandes de secours, d'indemnités de maladie ; sur l'approbation des comptes.

Retraites. — Le maximum de la pension ne pourra dépasser 5o francs par mois pour les hommes et 3o francs pour les femmes, et le minimum ne pourra être inférieur à 2o francs par mois pour les hommes et 12 francs pour les femmes. Mais ce chiffre ne pourra être supérieur au tiers du salaire pour ceux qui ne travaillent que quelques heures à l'usine.

La pension accordée aux orphelins est proportionnelle au nombre des enfants. Elle est modifiable tous les ans et pourra être supprimée lorsqu'elle sera jugée inutile, et dans tous les cas, dès que l'enfant aura atteint

18 ans, et réduite proportionnellement au fur et à mesure que les enfants auront atteint cet âge.

Lorsque le chiffre des pensions aura atteint les ressources nettes mensuelles, il ne sera plus alloué de nouvelles pensions qu'au fur et à mesure des extinctions, et réduites dans la proportion de l'insuffisance constatée ; quand les ressources seront insuffisantes, les pensions seront payées intégralement jusqu'à la décision les réduisant. Cette caisse, fondée en 1875, est, actuellement, la plus puissante des institutions de ce genre dans les Vosges. Son capital était, en 1910, de 300.000 francs, elle paie chaque année pour les ouvriers près de 6 000 francs, tant en frais médicaux, pharmaceutiques, secours et indemnités. En 1910, 110 ouvriers jouissaient de la retraite.

Caisse des retraites des employés.

L'employé, sur sa demande, fait partie de la Caisse des retraites des employés, mais s'il ne se fait pas inscrire dès l'origine, il devra payer un droit d'entrée égal à 4 o/o du traitement touché jusqu'à son inscription.

Il pourra être mis d'office à la retraite après 10 ans de service, s'il se trouve, pour raison de santé, dans l'impossibilité de travailler. Sa retraite sera alors les : 10/30, 11/30, etc., suivant qu'il aura à ce moment 10, 11, etc., années de services.

La veuve de l'employé décédé en activité de service et mariée depuis plus de cinq ans avant la mise à la retraite de son mari, aura droit à la moitié de la pension de celui-ci. La pension sera réduite au tiers, si elle est la veuve d'un employé décédé alors qu'il était retraité.

Quant aux enfants de l'employé, après 5 ans de service, leurs droits sont ainsi fixés : 1/20 par enfant des appointements du père, si la mère touche déjà une pension. Les deux pensions ne peuvent excéder les 16/20 de la retraite donnée au père ; 2/20 par enfant des appointements du père, si la mère ne touche pas de pension, le total des 1/20 alloués aux enfants ne pouvant être supérieur aux 15/20 de la pension accordée au père.

La veuve de l'employé décédé avant 10 ans de service, et ses enfants, peuvent obtenir un secours annuel qui ne pourra dépasser 200 francs pour la femme et 100 fr. par enfant s'il y en a plusieurs et 130 au maximum s'il n'y a qu'un enfant. Ils peuvent être fournis pour ces derniers jusqu'à 16 ans.

Fixation des retraites. — Elles sont déterminées ainsi qu'il suit : 50 o/o du traitement de la dernière année pour les traitements inférieurs à 2.000 francs, la retraite ne pouvant être inférieure à 750 francs, ni supérieure à 950 francs ; à 45 o/o du traitement pour ceux compris entre 2.000 et 2.950 francs ; à 40 o/o du traitement pour ceux de 3.000 francs et au-dessus, sans que la retraite puisse être supérieure à 1.400 francs.

Situation de l'employé démissionnaire. — Tout employé quittant l'usine pour quelque cause que ce soit, avant cinq ans de participation, n'a droit à aucune restitution de la part de la caisse. Après 5 ans, il lui sera remboursé le montant de ses versements.

État de la caisse. — La caisse des employés possède environ 50.000 francs, avec deux employés et deux veuves retraités.

Des modifications pourront être apportées, s'il y a accord avec la majorité des membres participants et avec le conseil d'administration de la Société.

Administration. — La caisse est administrée par un conseil pris parmi les membres participants, nommé moitié par eux, moitié par la direction de l'usine.

Comment elle est alimentée. — Elle est alimentée par un versement des employés fixé à 3 o/o de leur traitement, par un versement égal du patron, par les intérêts à 4 o/o tant que les fonds sont entre les mains de l'usine, et par les dons faits à ladite caisse qui s'élèvent de la part de la Société à 6.000 francs par an environ.

Fixation des pensions de retraites. — Tout employé a droit à la retraite à 55 ans d'âge et trente années de services, les années de service militaire étant comptées, mais non celles antérieures à l'âge de 20 ans.

Pensionnat des apprentis.

En 1905, la Société a construit, pour venir en aide aux familles nécessiteuses, un pensionnat pouvant recevoir un maximum de cent élèves et comportant cuisines, réfectoires, dortoirs, lingerie, appareils à douche, jardin, etc. Le but de l'institution est de recevoir les jeunes gens de treize à seize ans et qui sont orphelins ou dont les familles sont éloignées.

Conditions d'admission. — Les conditions sont les suivantes : il faut avoir treize ans au moins et seize ans au plus et être autorisé de ses parents.

Régime du pensionnat. — L'enfant admis au pensionnat est gratuitement nourri, habillé, blanchi, couché ; il reçoit des vêtements de travail pour la semaine et un vêtement complet pour le dimanche, jour où il observe le repos hebdomadaire complet. Il a droit à quatre repas par jour.

Salaires. — Les apprentis touchent, outre l'entretien complet dont ils jouissent dès leur entrée au pensionnat, un salaire mensuel qui varie avec leur ancienneté à l'établissement. Ils sont basés comme suit : 10 francs par mois pendant les six premiers mois ; 13 francs du septième au douzième mois ; 16 francs du treizième au dix-huitième mois ; 17,50 à partir du dix-neuvième mois.

Ils touchent, en outre, une surtaxe de 1 franc s'ils sont attacheurs, et de 2 francs s'ils sont cueilleurs. Après un an de service, ils participent, comme tous les ouvriers de l'usine, aux bénéfices de fin d'année. Cette part a été pour chaque apprenti de 32 francs pour 1907 et de 40 francs en 1909. Suivant la demande des parents, le salaire est versé à l'enfant, aux parents ou sur un livret de caisse d'épargne.

Bulletins mensuels. — Les parents sont tenus au courant de la conduite et du travail de leurs enfants par des bulletins qui leur sont envoyés chaque quinzaine.

Secours et prévoyance. — Dès leur entrée à l'usine, les apprentis sont inscrits à la Société de secours et de retraite de l'usine, qui leur assure gratuitement en cas de maladie, comme à tous les ouvriers de l'usine, les soins médicaux, la moitié des frais pharmaceutiques, et plus tard la retraite qui varie de 3oo à 6oo francs. Lorsqu'il va en permission, les frais de voyage lui sont remboursés.

Arts d'agrément.

Il existe à la verrerie des sociétés musicales, sportives, chorales, d'escrime, de gymnastique.

Logement.

Les ouvriers sont logés moyennant le prix mensuel de 1 franc par mois et par pièce. Il leur est alloué gratuitement 2 ares de jardin avec cave et grenier.

Alimentation.

Il existe un réfectoire où le vin et le café leur sont livrés à raison de 7 centimes 1/2 le verre, au repas du matin et de midi.

Gratifications aux employés.. — Participation aux bénéfices.

Les ouvriers participent aux bénéfices, leur part a été en 1909 et en 1910 de 62.000 francs, noi compris 20.000 francs versés par la coopérative.

Les gratifications allouées aux employés ont été, pour chacune des années 1908, 1909 et 1910, de 35.000 francs.

Importance des salaires et dividendes.

Le chiffre annuel des salaires est d'environ 1.300.000 francs, et le chiffre des dividendes d'environ 470.000 francs pour Portieux dans ces dernières années.

SOCIÉTÉ ANONYME DES GRANDES VERRERIES DE CROISMARE

La Société, au capital de 350.000 francs, étant de faible importance, ne possède pas la plupart des institutions patronales signalées dans l'enquête.

SOCIÉTÉ ANONYME DES MANUFACTURES DES GLACES ET PRODUITS CHIMIQUES DE SAINT-GOBAIN, CHAUNY ET CIREY

La Société, au capital de 60 millions, possède et exploite des glaceries, des fabriques de produits chimiques et des mines. Elle occupe un personnel de 11.480 personnes, dont environ 2.400 à l'étranger.

Elle possède en particulier les établissements suivants en Lorraine :

A Varangéville près de Nancy, une usine pour la fabrication de la soude à l'ammoniaque qui occupe 387 ouvriers.

A Cirey, une manufacture de glaces coulées, polies et argentées, qui occupe 534 ouvriers.

A Art-sur-Meurthe, une saline qui occupe 56 personnes.

Institutions concernant le bien-être matériel.

Logements. — Les logements mis à la disposition des ouvriers sont en partie gratuits, en partie payants. La gratuité est en général accordée aux surveillants et aux ouvriers que leur travail appelle à des heures variables du jour et de la nuit. Les autres, loués à des prix modérés, sont quelquefois flanqués d'un jardin.

Parmi les 1.809 logements fournis, il y en a 107 à Cirey, 56 à Varangéville et 20 à Art-sur-Meurthe. Des avances à un taux d'intérêt très faible sont consenties aux ouvriers qui veulent acquérir ou construire des maisons.

Terres de culture. — A Cirey, où la population est essentiellement agricole, la Société loue aux ouvriers de grandes étendues de terre qu'elle fait labourer à la charrue.

Economat. — A Cirey, un économat existait depuis 1864, il vendait au prix d'achat les denrées, linge, étoffes et vêtements.

Avances gratuites. — Des avances gratuites sont souvent consenties aux ouvriers qui le demandent pour des motifs sérieux.

Retraites vieillesse. — Des pensions de retraite sont accordées au personnel depuis la fondation de la Société. L'institution est ainsi organisée :

Les employés et ouvriers auxquels leur âge, ou les infirmités contractées au service interdisent leur travail reçoivent de la Société une pension de retraite pour détermination de laquelle il est tenu compte : du chiffre du salaire, de l'âge et des années de service. La quotité de la retraite varie du cinquième au quart du salaire. Après le décès du titulaire, une partie de la pension déterminée par le conseil est généralement reversée sur la tête de la veuve ou sur celle des enfants mineurs.

Contribution ouvrière. — Mais, afin d'améliorer la retraite des ouvriers, on subordonne l'allocation d'une retraite à l'engagement pris par eux de verser à la Caisse nationale des retraites pour la vieillesse 3 o/o de leurs salaires. Les sommes ainsi versées le sont à capital réservé. Les rentes qu'elles produisent au moment de la liquidation, le plus souvent fixée à 55 ans, viennent s'ajouter aux retraites accordées par la Société, et lors du décès, les familles retrouvent l'intégralité du capital constitué par les versements opérés.

Les charges supportées par la Société pour ses divers établissements, se sont élevées à 680.855 francs en 1909. Elles avaient été en 1900 de 475.000 francs, en 1890 de 275.000 francs, en 1873 de 225.000 francs pour un nombre de pensionnés s'élevant respectivement, pour les années 1909, 1900, 1850 et 1873, à 2.200 ; 1.700 ; 1.100 : 700. En 1909, le chiffre moyen des pensions s'est élevé à 306 francs.

Institutions concernant le bien-être moral.

La Société a construit à Cirey un asile pour les jeunes enfants. Elle a dépensé en outre 80.000 francs en 1909 pour le service de ses écoles dans la totalité de ses établissements. Pour les institutions destinées à la récréation de son personnel, elle a dépensé au total 8.357 francs en 1909.

Allocations militaires. — Des indemnités journalières de 3 fr.35 pour les ouvriers mariés ou soutiens de famille, de 1 fr.65 pour les célibataires et veufs, sont accordées aux réservistes et territoriaux pendant les périodes d'exercice.

Les dépenses se sont élevées de ce chef à 25.887 francs en 1909.

Rapport entre les salaires et les institutions patronales. — Les dépenses faites par la Société en 1909 pour ses pensions, et cotisations pour retraites ont été de 680.855 francs, pour son service médical de 213.431 francs, pour ses écoles, services religieux de 93.811 francs, pour dons et secours divers de 341.018 francs, soit au total 1.329.115 francs, ce qui représente environ le tiers du chiffre total des salaires.

(Les primes pour accidents du travail sont comprises dans ce total.)

Influences des institutions patronales.

Stabilité du personnel. — Les chiffres sont les suivants pour les usines de St-Gobain, Chauny et Cirey. Sur 2.198 agents employés et ouvriers, 154 ont plus de 30 ans de service, soit une moyenne de 70 o/oo; 410 ont de 20 à 30 ans de service. soit une moyenne de 18,6 o/oo ; 463 ont de 10 à 20 ans de service. soit une moyenne de 21,1 o/oo ; 1,171 ont moins de 10 ans de service continu, soit une moyenne de 53,3 o/oo.

Institutions patronales de la Société de St-Gobain, Chauny, Cirey concernant les usines de Varangéville.

Retraites. — A Varangéville le montant moyen des pensions est de 400 francs.

Le système d'organisation est le même qu'ailleurs.

Logements. — Le nombre des maisons construites est de 40. Le prix du loyer est de 16 francs.

Aucun prêt n'a été consenti pour la construction de maisons.

Maladie. — La Société prend à sa charge la totalité des frais médicaux et pharmaceutiques , mais pour l'ouvrier seulement, sa famille n'en profite pas. Il a été formé pour celle-ci une société de secours mutuels, à laquelle la Société de St-Gobain verse une subvention. L'objet de cette mutuelle est de payer la moitié des frais médicaux et pharmaceutiques. L'ouvrier reçoit en outre de la Société de St-Gobain une allocation journalière égale à son demi-salaire. Une allocation de 10 fr. est donnée aux femmes en couches. En cas de décès, il est versé 50 francs.

Il n'existe aucune institution d'épargne à la Société.

SOCIÉTÉ DES MINES DE SEL ET SALINES DE ROSIÈRES-VARANGÉVILLE

La Société produit annuellement 150.000 quintaux de sels raffinés de toute sorte et 450.000 quintaux de sel gemme.

Caisse de secours.

Une caisse de secours existe au profit des ouvriers depuis 1856 ; jusqu'en 1894, cette caisse a fonctionné au moyen des versements mensuels de 1 franc par ouvrier, et d'allocations annuelles de la Société.

Depuis la loi de 1894, les recettes se composent :

1° Des cotisations des ouvriers et employés, en 1910, de 1 1/2 o/o des salaires ;

2° Des allocations mensuelles de la Société qui s'élevaient à 1 o/o du salaire ;

3° Des dons et legs faits à la Société ;

4° Du produit des amendes.

L'ouvrier a droit à la gratuité des frais médicaux et

pharmaceutiques, lui et sa famille, à une indemnité quotidienne de 2 francs pendant le premier mois et de 1 franc pendant les deux mois suivants ; pendant les trois mois suivants, le conseil fixera le montant de l'indemnité. Les sociétaires âgés de moins de 18 ans n'ont droit qu'à la moitié de l'indemnité ci-dessus.

Si les ressources le permettent, les femmes et enfants pourront prétendre aux soins médicaux et pharmaceutiques. Une indemnité d'accouchement de 20 francs est accordée à la femme en couches, dont moitié seulement lui est remis immédiatement, si elle n'a pas 3 mois de présence à l'usine.

Allocations militaires.

Le sociétaire marié a droit à un secours journalier de 1 franc, de 1 fr. 25 s'il y a un enfant, de 1 fr. 50 s'il y a trois enfants. La même subvention est accordée aux célibataires qui ont des parents à leur charge.

Le nombre des sociétaires était de 200 en 1910.

Secours.

Des secours peuvent être accordés aux veuves et orphelins.

Au cas de décès d'un sociétaire, il sera en outre alloué une indemnité de décès de 40 francs pour frais d'inhumation.

Mesures concernant le déficit de la Caisse.

En cas d'insuffisance des ressources, après réduction

des secours facultatifs, ou leur suppression, les secours obligatoires seront réduits dans la mesure nécessaire.

Situation de l'ouvrier quittant la société.

L'ouvrier qui quitte, volontairement ou non, le service de la Société, perd tous ses droits aux avantages de la mutuelle et ne peut, dans aucun cas, demander la restitution des sommes versées par lui à la société de secours.

Cette société de secours a été formée entre les ouvriers non seulement de la mine, mais encore de la saline.

Retraites des ouvriers non mineurs.

Depuis 1892, la Société a consenti à ses ouvriers une pension de retraite basée sur l'ancienneté des services ; le chiffre adopté est de 400 francs pour 30 années de service, avec une augmentation de 5 francs par année de service en plus. Des pensions peuvent leur être néanmoins accordées, bien que n'ayant pas 30 années de présence à l'usine : il est tenu compte dans ce cas de la situation de l'ouvrier et de sa famille, de sa régularité et du service qu'il a fait.

Le montant des pensions ainsi servies représente 3 o/o du total des salaires annuels. Ces pensions sont données sans exiger de l'ouvrier aucune participation pécuniaire.

Caisse de retraite des ouvriers mineurs.

En vertu de la loi 1894, les ouvriers versent 2 o/o de leur salaire et l'exploitant en verse autant.

COMPAGNIE DES CRISTALLERIES DE BACCARAT

En 1900, l'usine occupait 2.223 personnes et fournissait à la vente des cristaux représentant une valeur de sept millions deux cent cinquante mille francs.

Importance des salaires et conditions de l'existence.

Le salaire s'est élevé pour les ouvriers au mois, de 1878 à 1900 de 3 fr. 25 à 4 fr. 81 ; pour les femmes, de 1 fr. 58 à 2 fr. 43 ; pour les employés, de 5 francs à 7 fr. 98. Le prix des denrées variait comme suit : le pain de o fr. 40 à o fr. 28 le kilog. Le bœuf de 1 fr. 70 à 1 fr. 60, le porc de 1 fr. 60 à 1 fr. 80, les œufs de o fr. 75 à o fr. 83. les pommes de terre de 8 francs le quintal à 6 francs.

La durée du travail est de 10 heures.

Institutions concernant le bien-être matériel.

Logements. — Les ouvriers verriers sont logés gratuitement. 247 ménages formant une population de 867 personnes sont dans ce cas. Un jardin de 2 à 3 ares leur est donné gratuitement. Les nouveaux logements, qui leur ont été construits, ont coûté 5.500 francs et se composent d'une cave, d'un rez-de-chaussée, d'un étage, d'un grenier et d'un jardin. Les autres ouvriers se logent à leurs frais dans des maisons qui n'appartiennent pas à la Société. Aucune avance n'est faite pour la construction de maisons.

Crèches. — Les enfants y sont admis moyennant une rétribution de o fr. 5o par journée d'un enfant, de o fr.5o pour deux enfants, de o fr. 6o pour trois. La crèche vend du lait stérilisé pour être consommé à domicile à 2o centimes le litre.

Pensionnat des apprentis. — Les apprentis y sont nourris et logés. Ils ont quatre repas par jour. Ils reçoivent un gage qui, déduction faite du prix de la pension, leur laisse un excédent de 14 francs par mois. Ce prix de pension est insuffisant pour couvrir les frais de l'institution qui a coûté en moyenne 18 000 francs à la Société. Il y a eu de 1890 à 1900, 805 admissions.

Repas des apprentis non pensionnés. — Moyennant une retenue de 5 francs par mois, il leur est servi un repas tous les jours et composé de soupe, viande, légumes et vin.

Retraites pour la vieillesse.

Des caisses de retraite pour les ouvriers des deux sexes fonctionnent alimentées uniquement par des versements de la Compagnie et administrées par les mêmes conseils que pour les caisses de prévoyance. Les versements de la Société se sont élevés pour 1899 à 2 1/2 o/o des salaires des verriers, à 2 1/4 o/o des salaires des tailleurs, à 1 3/4 o/o des autres ouvriers. Ses versements en 1899 s'étaient élevés à 51.722 francs.

Tout ouvrier ayant 50 ans d'âge peut être admis à la retraite s'il est incapable de travailler. Tout ouvrier qui quitte l'usine par suite de renvoi ou sur sa demande, perd tous ses droits à la retraite s'il vient à rentrer à l'usine. Aucune pension d'homme n'est inférieure à 25 francs par mois, et celle des femmes est uniformément de 20 francs. Elles sont majorées d'un dixième après vingt-cinq ans de service, et de deux dixièmes après 30 ans. Il faut y ajouter les primes de 5 francs ajoutées après 30 ans de service et par année de service en plus. Les pensions se trouvent majorées à partir de 1904, par suite de la donation de 8 actions. Ce revenu représentant 30.000 francs pour 1899, la pension d'une retraite d'homme âgé de 60 ans. se trouve ainsi majorée de 225 francs et portée d'une moyenne de 435 francs à 660 francs sans compter la gratification, et celle d'une femme du même âge de 475 francs au minimum.

Les retraités ayant de 20 à 25 ans de service et 50 ans d'âge auront une part, ceux ayant de 25 à 30 ans de service et plus de 55 ans et ceux de 55 à 60 ans et ayant 30 ans de service auront deux parts. et ceux ayant 30 ans de service et 60 ans d'âge : trois parts.

Administration. — La caisse est administrée par un

conseil composé du directeur, du sous-directeur, du chef de comptabilité, de l'employé en chef, des tailleurs, du plus ancien surveillant et de dix ouvriers. Le conseil d'administration a pour fonction de vérifier le compte rendu de la situation de la caisse, de régler les pensions qu'il peut y avoir lieu d'allouer et décider toutes les questions qui sont soumises aux délibérations du conseil, dans l'intérêt de la caisse ou des ouvriers en faveur de qui elle est instituée.

Livrets de prévoyance. — En raison des abus qui auraient pu surgir, il n'a pas été institué de caisse de prévoyance pour les femmes. On l'a remplacée par la prévoyance individuelle obligatoire.

Un livret est ouvert au nom de chaque ouvrière égal à 2 o/o de son salaire et un versement de la Société égal à 1 o/o. A la fin de l'année, le solde du livret est majoré de 5 o/o de sa valeur par la Société. En cas de maladie ou de chômage, la femme peut prélever sur son livret 0 fr. 75 par jour. En 1899, après trois ans d'existence, les livrets représentaient un total de 41.463 francs, appartenant à 749 ouvrières.

Elles prélèvent rarement leur indemnité de maladie ; ainsi en 1899, 19 ouvrières seulement ont eu recours au livret pour une somme totale de 385 francs.

Ce livret assure ainsi à l'ouvrière un capital d'au moins 1.200 francs au moment de sa retraite. De cette somme, elle n'aura guère versé qu'un tiers.

Allocations d'accouchement. — Un secours de 40 francs

est accordé aux femmes en couches. Il leur est interdit de reprendre leur travail six semaines après l'accouchement.

Service médical. — Les consultations sont gratuites, mais non les visites du médecin qui sont payées à demi-tarif, et cela à cause des abus qui résultaient de la gratuité. Seuls les indigents ont la gratuité pour les soins médicaux et pharmaceutiques.

Hygiène. — Un établissement de bains, dont deux cabines avec bains sulfureux, existe depuis 1896.

Caisse de bienfaisance. — Il existe une association : la Société des dames de charité, qui possédait en 1899 un capital de 562.000 francs, et dont le but est de donner à domicile des secours aux familles nécessiteuses et malades.

Caisse de chômage. — Le fonds de chômage est alimenté par des dons de la Compagnie et par l'intérêt à 5 o/o de son capital. Il est payé aux ouvriers ayant subi un chômage involontaire, une indemnité de 2 francs par jour. Les mêmes allocations sont accordées à ceux qui accomplissent une période de service militaire. Elles sont réduites à 1 franc quand le fonds est inférieur à 50.000 francs et ne seront plus dues si elles descendent au-dessous. Ce fonds serait utilisé en cas de guerre pour la distribution de secours. La Société a doté le fonds de chômage de 115.000 francs. Il avait été payé des indemnités en 1899 pour 825 francs. Elle a seule qualité pour décider si le motif du chômage entraîne indemnité.

Caisses pour malades et orphelins. — Chaque catégorie a son institution qui lui est propre. Ces caisses avaient payé en 1899 des indemnités de maladie se montant à un total de 22.933 francs, et des secours à 69 orphelins pour 3.591 francs ; 136 malades par mois ont touché une indemnité.

Les recettes se composaient des versements des ouvriers qui ont été de 17.460 francs et de 15.130 francs de la Société en 1899.

A la caisse des verriers la Société verse 2 1/2 o/o du salaire et l'ouvrier 1 o/o ; à celle des autres ouvriers, la Société verse 2 o/o du salaire et l'ouvrier 1 1/2 o/o. Il y est versé aussi le produit des amendes. Ces différences se justifient par l'usage et par les risques professionnels de maladie.

Le montant de l'indemnité accordée est égal à la moitié du salaire et peut durer un temps égal à celui des services de l'ouvrier.

A la veuve il est accordé une indemnité mensuelle variant de 5 à 7 francs, par enfant âgé de moins de 13 ans.

Les ouvriers à la journée, qui ne participent pas à cette institution, reçoivent une indemnité de la Société arbitrée suivant leur salaire, la nature de leurs occupations et de leurs besoins.

Les caisses sont administrées par un conseil composé d'ouvriers élus par leurs camarades et présidées par le directeur de l'usine. Le capital de la caisse est déposé à la caisse de la Société qui le bonifie d'un intérêt de 5o o.

Institutions concernant le bien-être moral.

Après avoir suivi les cours de dessin pendant un an, l'apprenti est employé ensuite à la taille et quelquefois aux travaux plus fins. Il reçoit 8 francs le premier mois et 15 francs les mois suivants, les jeunes filles commencent à 16 francs, et après trois mois elles reçoivent 20 francs. Le nombre des apprentis était de 200 en 1900.

Bibliothèque. — Écoles. — Culte. — Il existe une bibliothèque de 1.000 volumes environ. La Société a des écoles qu'elle entretient à ses frais. 450 élèves les fréquentaient en 1900. Des cours d'adultes obligatoires sont suivis par une centaine d'apprentis. Un cours de dessin obligatoire était suivi en 1900 par 130 élèves pendant les heures d'usine. Les dépenses annuelles s'élèvent pour les écoles et la crèche à 20.000 francs environ. Il existe en outre une société de musique.

Il a été construit une chapelle à l'intérieur de l'usine.

Mesures spéciales concernant la moralité. — Pour diminuer le nombre de naissances illégitimes, on renvoie les filles aussitôt qu'on les sait enceintes. Comme ce sont souvent les plus misérables, il arrive qu'on les reprenne. Dans tous les cas, leurs droits antérieurs à la retraite se trouvent alors perdus.

Depuis 1860, une seule naissance illégitime s'est produite à l'usine.

Rapports entre la stabilité du personnel et les institutions patronales — De 1 à 4 ans de service le nombre des ouvriers s'élevait à 332 pour les hommes et à 143 pour les femmes en 1900. De 5 à 10 ans le nombre était de 260 pour les hommes et 202 pour les femmes ; de 11 à 20 ans il était de 353 pour les hommes ; de 21 à 30 ans de service, le chiffre pour les hommes était de 324 ; de 31 à 40 ans de service il était pour les femmes de 68 et pour les hommes de 139.

SOCIÉTÉ ANONYME DES SALINES DE SOMMERVILLER (Meurthe-et-Moselle).

La Société, au capital de 1.200.000 francs, a été fondée en 1857.

Maladie. — Le patron prend à sa charge la totalité des frais médicaux et pharmaceutiques de l'ouvrier : sa famille n'en profite pas. Il est alloué en outre une indemnité égale au demi-salaire par jour de maladie.

Retraites. — Il n'existe aucune caisse de retraites à la Société.

SOCIÉTÉ OCTOBON ET CIE

La Société produit des sels raffinés de toute grosseur pour le commerce et les salaisons, des sels dénaturés pour l'industrie et l'agriculture.

Maladie. — La Société prend à sa charge la totalité

des frais médicaux et pharmaceutiques. Il est alloué en outre une indemnité de 1 franc par jour de maladie.

Il n'existe aucune organisation de retraites. Des secours sont donnés aux vieux ouvriers.

SOCIÉTÉ ANONYME DES SALINES DE CRÉVIC

La Société, fondée en 1872, a une concession d'une contenance de 419 hectares.

Maladie. — Il est de tradition à la Société de payer la totalité des frais médicaux et pharmaceutiques pour l'ouvrier et quelquefois aussi pour sa famille. Il est alloué le demi-salaire par jour de maladie, mais ce ne sont pas là des obligations pour le patron.

SOCIÉTÉ MARCHÉVILLE-DAGUIN

Elle possède une saline et une mine de sel gemme à Saint-Nicolas et une soudière.

Logement. — *Maladie.* — Des (1) maisons à deux logements avec jardin ont été construites par la Société. Elle intervient pour le paiement des frais médicaux et pharmaceutiques.

(1) Les renseignements pour les autres institutions nous manquent.

SALINE DE MAIXE

L'usine installée à Maixe en 1880, a une production annuelle de 37.000 quintaux de sel raffiné, dont les 2/3 sont du sel fin-fin et 1/3 du sel 48 heures.

Maladie. — L'exploitant assure la totalité des frais médicaux, pour l'ouvrier et sa famille. Les médicaments sont à la charge de l'ouvrier. Il lui est alloué en outre le demi-salaire par jour de maladie.

SALINE D'EINVILLE-MAIXE (M.-et M.).

La Société assurera d'ici peu à ses ouvriers la totalité des frais médicaux et pharmaceutiques pour l'ouvrier seulement.

SOCIÉTÉ ANONYME DES MINES DE SEL ET SALINES SAINT-LAURENT

La Société possède à Einville (Meurthe-et-Moselle) une concession de 1.089 hectares. Elle a une production annuelle de 85.000 quintaux de sels raffinés. L'extraction de sel gemme est de 350.000 quintaux.

Maladie et vieillesse. — Les institutions de secours et de retraite qui existent en vertu de la loi de 1894 ont été étendues aux ouvriers non mineurs.

SALINES DE ROSIÈRES

La Société, fondée en 1873, occupe 45 ouvriers et assure la totalité des frais médicaux et pharmaceutiques. Un demi-salaire est accordé par jour de maladie. Des allocations sont accordées aux femmes en couches. Les ouvriers qui accomplissent une période militaire reçoivent aussi des indemnités en argent.

CHAPITRE II

MÉTALLURGIE ET MINES

GOUVY ET Cie-DIEULOUARD (M.-M.)

Importance de la Société. — Taux des salaires.

Le montant des salaires journaliers varie de 3 fr. 25 à 3 fr. 5o pour les simples manœuvres, jusqu'à 12 francs pour les métiers les plus pénibles. Le salaire journalier moyen s'est élevé de 2 fr. 75 en 1876 à 4 fr. 01 en 1908. Le nombre d'ouvriers s'est élevé de 179 en 1876 à 644 en 1908 et le salaire annuel s'est élevé pour ces mêmes années de 180.479 francs à 941.000 francs. Le salaire journalier était de 3 fr. 24 en 1894, 3 fr. 38 en 1900, 3 fr. 82 en 1906.

**Rapports entre les salaires, les dividendes
et les institutions patronales.**

Les salaires en nature : chauffage, logement ont été en 1908 de 25.824 francs, soit 3 o/o des salaires. En 1908 le chiffre d'affaires total était de 3.241.682 francs, le prix de vente moyen par 100 kilogs de 39 fr. 73, le nombre d'ouvriers de 644, le salaire annuel total de 941.000 francs, le salaire pour 100 du chiffre d'affaires de 29 francs, le salaire annuel moyen par ouvrier de 1.461 fr. 33, les dépenses pour caisses de secours, de retraites, etc... de 22.632 francs, les bénéfices répartis aux actionnaires de o franc. Il faut ajouter les versements supplémentaires faits à la caisse de secours et s'élevant à 70.747 francs. Il est intéressant de comparer ces chiffres à ceux de 1876, et qui sont respectivement les suivants : 691.235 francs pour le chiffre d'affaires, 70 fr. 32 pour le prix de vente moyen, 180.479 francs pour le salaire annuel total, 26 fr. 10 pour le salaire pour 100 du chiffre d'affaires, 1.008 francs pour le salaire annuel moyen, 2.604 francs pour dépenses pour les caisses de secours, de retraites, 60.000 francs pour le bénéfice total réparti aux actionnaires et 8 fr. 70 quant au bénéfice réparti pour 100 du chiffre des affaires. En 1886, ils s'élevaient respectivement à 868.902 francs ; 56 fr. 79 ; 217 fr. ; 232.427 francs ; 26 fr. 74 ; 1.071 francs ; 1.683 ; 7.599 francs ; 113.200 francs ; 13 fr. 02. En 1896, ils étaient de 1.367.381 francs ; 76 fr. 82 ; 359 francs ; 434.346 francs ; 31 fr. 76 ; 1.209 francs ; 4.379 francs ; 9.542 francs; 129.300 francs ; 3 fr. 46. En 1903, ils s'élevaient à 2.206.043 francs ; 57 fr. 37 ; 557 francs ; 741.395 francs ; 33 fr. 67 ; 1.331 francs ; 8.093 francs ; 13.153 francs ; o franc.

Retraites vieillesse.

Dès 1867, il fut créé dans chacune des usines de la Société Gouvy et Cie, une caisse des secours et pensions destinée à venir en aide aux malades par une indemnité journalière et la gratuité des soins médicaux, ainsi qu'aux infirmes et aux vieillards par une pension viagère. Pour l'usine de Dieulouard mise en marche en 1872, la caisse de secours et pensions fonctionna dès 1873.

Montant des contributions patronale et ouvrière. Organisation financière et administrative de la caisse. — La cotisation de l'ouvrier fut fixée d'abord à 2 o/o des salaires et portée ensuite à 3 o/o, taux qui fut maintenu jusqu'en juin 1897. A cette date le capital s'élevait à 220.670 fr. 49. Cette somme fut estimée insuffisante par les actuaires pour remplir les charges auxquelles la caisse devait avoir à faire face lorsqu'elle aurait atteint la période d'équilibre. Aussi la Société fit-elle don à la caisse d'une somme de 70.747 fr. 94, prélevés sur les bénéfices des bonnes années. Mais les frais et indemnités de maladie absorbaient à eux seuls les deux tiers des recettes et c'est à peine si le fonds commun s'accroissait à 1 1/2 o/o des salaires, tandis que les statistiques de Hombourg prouvaient que les versements au fonds de réserve devaient être au minimum de 3 o/o des salaires, si on ne voulait pas se trouver un jour en déficit.

La séparation des retraites et des secours pour maladie s'imposait donc au point de vue financier. La scission fut adoptée à la presque unanimité et à partir de 1897, il fut perçu deux cotisations distinctes, l'une pour les secours de maladie variable suivant les besoins, l'autre fixée à 2 o/o des salaires pour les retraites. La Société Gouvy et Cie continuant ses subventions aux deux services, les recettes normales de la caisse s'élevèrent à 3 o/o des salaires, taux qui fut conservé jusqu'en 1908.

En novembre 1905, on proposa aux ouvriers de l'usine, de transformer la caisse de secours et de retraite patronale en une Société mutuelle libre. Quelques ouvriers persuadés que dans le cas où ce projet n'aboutirait pas, on procéderait à la liquidation du fonds commun, ce qui aurait procuré à chacun une somme appréciable, arrivèrent à former une majorité hostile. Aussitôt ce vote émis, la direction de l'usine supprima la caisse de secours, mais en raison des droits acquis qu'une liquidation du fonds de pension aurait lésés, il fut décidé que la caisse de retraite patronale resterait en vigueur pour les anciens ouvriers, tandis que tout recrutement nouveau serait supprimé, le vote de la loi sur les retraites ouvrières semblant alors devoir être imminent.

Ceux qui désiraient continuer à faire partie de la caisse durent signer une fiche par laquelle ils déclaraient adhérer sans contrainte. Aux autres les versements ont été remboursés sous forme de livret de la Caisse nationale des retraites pour la vieillesse à capital réservé et avec une pension calculée pour l'âge de soixante ans.

De ce chef il fut remboursé 42.800 fr. 75, et il restait au 31 décembre 1907 un capital de 470.144 fr. 65 pour 320 membres participants.

Le Comité directeur de l'Association syndicale, estimant que la loi sur les retraites resterait longtemps inappliquée proposa dans le courant de 1908, de fonder une Société mutuelle libre de retraites pour les membres de l'association.

Assiette de la cotisation. — Les cotisations au lieu d'être proportionnées aux salaires sont fixes à raison de 2 fr. 60 par tête, moyenne des deux dernières années de la caisse patronale, ceci afin d'établir une pension uniforme pour tous. Cette mesure s'imposait en raison de l'augmentation continue et progressive des salaires : les ouvriers gagnant beaucoup laissaient en effet des cotisations trop élevées qui n'étaient plus en rapport avec la pension calculée sur les anciennes bases.

Par contre la subvention patronale qui était auparavant de 1 o/o des salaires, c'est-à-dire de moitié des cotisations, fut portée à 2 fr. 60 o/o par tête. Grâce à ce supplément de recettes la pension mensuelle pourra être calculée de 0 fr. 10 par mois de service, c'est-à-dire le taux le plus élevé dans la caisse des retraites patronales.

Cette Société mutuelle à laquelle ont adhéré tous les anciens membres de l'ancienne caisse de retraites a fonctionné dès janvier 1909 et depuis là d'autres adhésions se sont produites. Mais la Direction de la Mutualité en refusa les statuts, sous prétexte que l'article 46 excluait de la Société, tous les adhérents qui cesseraient de faire partie du personnel de l'usine contrairement à la loi.

La Société estimant qu'il lui était impossible de conserver comme membres participants des étrangers au personnel pour lesquels la Société ne verserait naturellement aucune subvention, proposa de rembourser aux membres défaillants leurs versements sous la forme d'un livret de la Caisse nationale des retraites pour la vieillesse. Les statuts ainsi modifiés ont été retournés à la Direction de la Mutualité.

La situation de la caisse patronale des retraites des ouvriers de l'usine de Dieulouard était la suivante ; en 1898, il y eut 413 participants et 24.171 fr. 79 de recettes ; en 1903, il y eut 557 participants, 38.413 fr. 40 de recettes ; en 1907, il y eut 630 participants, 36.510 fr. 83 de recettes ; pour ces trois années le chiffre des dépenses s'est élevé respectivement à 3.493 francs, 6.902 fr. et 11.874 francs.

Dans les recettes sont compris : les cotisations des participants, les subventions patronales et les intérêts du capital, et dans les dépenses sont compris : les pensions viagères et les allocations aux invalides, aux veuves et aux orphelins, ainsi que les frais d'inhumation.

Retraites des employés.

Jusqu'en 1893, aucune règle fixe ne présidait à la distribution des secours ou des pensions aux employés.

La Société leur versait alors des appointements hors de proportion avec les services qu'ils rendaient. Il y avait là une lacune à combler, aussi la Société créa-t-elle en 1893 une caisse des retraites des employés. Elle fut dotée d'un premier fonds de 12.000 francs. Le capital afférent au paiement des pensions est constitué par les cotisations des membres proportionnées aux appointements et par les versements de la Société.

Les cotisations portées à un compte individuel restent la propriété du titulaire. Les versements de la Société sont eux aussi portés au compte de chacun, mais ne deviennent la propriété du titulaire que lorsqu'il a droit à la retraite, ils viennent sinon, grossir le capital de la caisse.

En 1908, le nombre des membres était de 50, les recettes s'élevaient à 9.921 francs et le capital de la caisse à 91.222 francs, en 1898 ces chiffres étaient de 35 ; 4.258 francs ; 29.534 francs ; en 1903 ils étaient de 45 ; 6.307 francs ; 56.291 francs.

Maladie.

La Société venait en aide à tout ouvrier que la maladie obligeait de chômer. Cependant cette façon de faire patriarcale très onéreuse avait le tort de ne pas tenir compte de l'esprit d'indépendance de l'ouvrier. Pour enlever aux secours l'apparence d'aumône, on dut établir des règles fixes, aussi créa-t-on à cet effet en 1867 une caisse patronale de secours et de retraites, qui accordait à tous les ouvriers la gratuité des frais pharmaceutiques et médicaux.

Devenues insuffisantes, les cotisations des ouvriers furent portées à 2 o/o du salaire, tandis que la Société apportait une subvention complémentaire de 1 o/o. L'état de la caisse était excellent, au point de permettre des allocations de maladie très élevées. Cependant par suite d'un revirement dans la mentalité des ouvriers, la caisse fut mise au pillage et les bonis des années précédentes se transformèrent en un déficit énorme.

Pour y rémédier, la caisse patronale fut transformée en mars 1906, en une Société mutuelle indépendante et cela pour bien faire comprendre aux ouvriers leurs devoirs de mutualistes et les amener à se surveiller eux-mêmes. Pendant les premiers mois, la réforme eut plein succès, mais en 1907 le déficit reparut, les frais médicaux et pharmaceutiques augmentèrent dans des proportions énormes. Aussi prit-on les mesures suivantes : les adhérents seraient désormais obligés de verser o fr. 10 par billet de consultation et o fr. 25 par bulletin de maladie. Efficace à l'origine, cette mesure devint bientôt insuffisante. En attendant l'approbation de la modification des statuts par le ministère, il fut décidé de supprimer à par de 1908 les frais pharmaceutiques et médicaux pour toutes les maladies inférieures à quatre jours. Cette dernière mesure est devenue définitive. Les malades touchent par contre une indemnité quotidienne de o fr. 90 pour les hommes et les femmes et de o fr. 5o pour les enfants. L'indemnité est réduite à o fr. 5o et o fr. 25 pendant la convalescence.

Ces indemnités doivent être suffisantes, car elles ont été obtenues en divisant les dépenses totales des visites et médicaments par le nombre de journées correspondantes. Des allocations d'accouchement sont en outre données aux femmes. En sus des cotisations et subventions de la Société, celle ci lui verse en outre tous les mois, une somme de 100 francs que lui paye la coopérative, pour un débit établi par elle à l'intérieur de l'usine. Cette dernière allocation permet de payer les indemnités de maladie au delà des 90 jours prévus par les statuts.

Les chiffres suivants viennent à l'appui de ce qui a été dit plus haut : en mars 1906 le boni était de 1.020 fr.85 : en février 1907, il se transforme en un déficit de 1.131 fr. 60 pour tomber en mars 1909 à 140 fr. 80. Une entente n'ayant pu se produire avec les médecins de Pont-à-Mousson, les ouvriers de cette localité ne peuvent faire partie de la Mutuelle.

Participation aux œuvres syndicales.

La Société a provoqué la formation d'un syndicat et y a contribué financièrement en payant le droit d'entrée d'un franc pour ceux qui ont souscrit dès l'origine et en versant à cette caisse des subventions importantes. Son intervention a ainsi favorisé la création d'une bibliothèque, d'une caisse de décès, d'une caisse pour maladies de longue durée, de cours ménagers, d'une société mutuelle de retraites.

A. — *Bibliothèque.* — Elle comprend six cents livres d'une valeur de 85o francs.

B. — *Caisse des décès.* — Au décès d'un adhérent, la veuve ou les orphelins touchent une somme de 3oo francs, payés en une fois. Les ressources de la caisse de décès sont formées par un droit d'entrée de 5 francs, que doit verser chaque adhérent, et une cotisation globale de 3oo francs répartie entre tous les adhérents lors de chaque décès. Jusqu'en 19o8 il y avait environ 25o ouvriers. Pour encourager les adhésions, la Société a payé le quart des cotisations de 5 francs.

Depuis la création de la caisse, trois décès se sont produits et pour combler le vide produit par le versement des 3oo francs, on a dû percevoir un versement de 1 fr. 2o par tête.

Accidents. — Elle fait partie de l'Association des Industriels de France contre les accidents du travail, et de l'Association Alsacienne des propriétaires des Forges de France et d'appareils à vapeur et de la Caisse syndicale d'assurance mutuelle des Forges de France.

Coopérative de consommation. — La Société a favorisé la formation d'une coopérative en souscrivant des actions pour une somme de 2o.ooo francs et en avançant aux ouvriers les sommes nécessaires pour la souscription d'actions. Aussi put-elle être créée en 1899 avec un capital de 1oo.ooo francs. La Société favorise son fonctionnement en lui fournissant gratuitement le courant électrique pour l'éclairage et la force motrice.

C. *Caisse de maladie de longue durée.* — Au delà de trois mois et pendant 180 jours, il touche une indemnité quotidienne de 1 franc. Les ressources de cette caisse sont fournies par un droit d'entrée de 2 fr. 50 et par une cotisation de 0 fr. 10 par mois. Les adhérents sont au nombre de 300 environ. La Société Gouvy y a contribué en payant le quart du droit d'entrée.

D. *Section des jeunes filles.* — Des cours de couture, de repassage, sur la cuisine, ont lieu régulièrement ; les derniers ont été peu suivis et exigent un droit de deux francs pour la durée du cours. Les cotisations ayant été insuffisantes, la Société Gouvy y a suppléé par des subventions.

E. *Société mutuelle de retraites.* — Cette Société est une suite de la caisse patronale de retraites.

Institutions concernant le bien-être moral.

Des causeries ont été instituées à la section de jeunes filles sur le rôle de la femme, etc... La direction d'autre part, a établi un système de conférences ayant pour sujet des questions telles que les rapports du capital et du travail, la valeur des coopératives de consommation.

Habitations ouvrières.

Type de maison adopté. — Au lieu d'avoir des cités casernes, on a disséminé d'abord les maisons dans le village, afin de laisser aux ouvriers plus d'indépendance. Mais aussitôt après la guerre, la Société fut obligée de bâtir des maisons collectives afin de parer au plus pressé. Des jardins étaient attenants à ces maisons qui abritaient une vingtaine de ménages.

A cause des inconvénients qu'elles présentaient (escalier commun, voisins au-dessus de soi, etc...) elles firent bientôt place à la maison à deux logements, puis à la maison isolée : le prix de celle-ci en fut trop élevé. La Société en construisit néanmoins quatre d'une valeur de 4.200 francs chacune. Aussi a-t-on adopté le type définitif de la maison double dont le prix de revient s'élève à 7.195 fr. 20, soit un total de 3.600 francs par logement et 61 fr. 25 par mètre carré de surface habitée. La Société Gouvy a construit deux cités ouvrières, l'une de 12, l'autre de 8 logis ayant coûté 52.985 francs ; 4 maisons isolées pour 19.759 francs et 17 maisons doubles pour 124.156 francs, soit en tout 58 logements.

A chaque logement est adjoint un jardin d'un are environ. Après vingt ans de service, il lui est accordé la gratuité du logement ou une indemnité équivalente. En 1908, les dépenses occasionnées de ce chef ont été de 16.884 francs, non comprises les indemnités accordées aux employés.

Prêts consentis pour la construction de maisons. — Des prêts sont consentis pour la construction de maisons, l'acquisition de jardins, champs ou vignes par la caisse des retraites à ses membres adhérents au taux de 4 o/o. Ils sont remboursés par retenues mensuelles sur les salaires. Depuis la création de l'usine, il a été avancé pour l'acquisition de 105 maisons une somme globale de 290.000 francs sur laquelle 130.000 ont déjà été remboursés. En outre, 56 autres ouvriers sont propriétaires de leur maison sans aucune avance de la Société.

Mesures destinées à assurer la bonne tenue des maisons. — Chaque année la Société prélève sur ses bénéfices une somme déterminée et destinée à être distribuée aux ouvriers qui entretiennent le mieux leur maison. Des subventions ont été également accordées par l'intermédiaire du comité départemental des habitations à bon marché auquel la Société verse des sommes à cet effet.

Primes à l'ancienneté.

Après 15 ans de service, on lui donne une indemnité de chauffage, après 20 ans il est logé gratuitement. En 1908 les dépenses de ce chef se sont élevées à 8.940 francs pour le chauffage et à 16.884 francs pour le logement. Après 30 ans de service, il a droit à un livret de caisse d'épargne de 30 francs et à la même somme plus un franc par année de service en plus des trente années de service. En 1908 il a été donné 37 livrets avec 1.360 francs.

Primes à l'élevage.

L'usine paie aux éleveurs qui se sont fait inscrire,

une prime variant avec le poids de chaque animal tué, à condition que celui-ci soit utilisé par la famille. La prime varie de 5 à 8 francs par animal. De 1906 à 1908 il a été versé 1.873 francs à 235 éleveurs.

Indemnités aux réservistes et territoriaux.

La Société verse aux ouvriers mariés appelés sous les drapeaux pour la période de réserve ou de territoriale une indemnité journalière de 1 fr. 50 pour l'entretien de sa famille.

Influence des Institutions patronales sur les mœurs des ouvriers.

Etant de création encore trop récente, on ne peut encore se rendre compte de leurs effets à cet égard. Elles ont été instituées dans le but de remédier à une mentalité qui devenait de plus en plus mauvaise chez l'ouvrier. Elles sont nées, des préoccupations éveillées chez les patrons par la constatation de la décadence du sentiment du devoir parmi leur personnel, tandis que la femme de l'ouvrier perd la notion de ses obligations d'épouse, de mère et de ménagère. Quels seront leurs résultats, on ne peut le savoir, car les ouvriers se méfient de tout ce qui a une origine patronale, car le patron est considéré comme un ennemi et ses meilleures intentions sont toujours mal interprétées. A cela rien d'étonnant, attendu qu'on se plaît à représenter l'industriel comme un être insatiable dont la moindre mesure de bienfaisance, sous les apparences les plus philanthropiques cache une arrière-pensée de lucre et de profit. On se répète, par exemple, que les fonds de la caisse de retraites alimentent la caisse du patron. Aussi la Société a-t-elle cherché à faire disparaître cet esprit haineux en établissant des rapports de plus en plus intimes entre elle et ses ouvriers : d'abord tout nouvel embauché doit passer au bureau du directeur qui l'interroge sur son passé, sa famille etc. pour établir sa fiche individuelle. L'ouvrier n'est plus un simple instrument de travail, il est une personnalité humaine à laquelle le patron s'intéresse. De plus les ouvriers et leur famille peuvent causer au directeur quand ils le veulent.

Enfin une série de conférences a été inaugurée sur les rapports entre le capital et le travail, sur les coopératives, sur le travail de huit heures.

Influence des Institutions patronales sur la stabilité du personnel.

En 1909, le nombre des ouvriers ayant moins de 5 ans de service était de 243, ceux ayant de 5 à 10 ans de 100, ceux ayant de 10 à 20 ans 145, ceux ayant de 20 à 30 ans de 63, ceux ayant plus de 30 ans de 45.

SOCIÉTÉ DES ACIÉRIES DE LONGWY

La Société possède à Mont-Saint-Martin : 8 hauts-fourneaux, 6 convertisseurs, 8 trains de laminoirs, fonderies, atelier de construction. Dans le bassin de Longwy elle possède des mines de fer d'une étendue de 1.430 hectares et de 1.659 hectares et une participation dans les mines de houille du Pas-de-Calais et de la Wurm. Elle occupait le 1ᵉʳ janvier 1909, 5.114 ouvriers et employés.

Importance des salaires.

En 1908, la Société payoit à 4.834 ouvriers et employés une somme de 8.639.454 francs. Le salaire annuel journalier par ouvrier était de 1.100 francs en 1886, de 1.200 francs en 1894, de 1.300 francs en 1899, de 1.500 francs en 1906, de plus de 1.700 francs en 1907 et 1908. Le salaire maximum a subi une augmentation de 34,79 o/o et le salaire minimum une augmentation de 34,94 o/o de 1890 à 1908.

Retraites ouvrières.

En 1894, la Société des Aciéries de Longwy a coopéré avec d'autres Sociétés métallurgiques à la fondation de la Caisse patronale des retraites en faveur des ouvriers des forges de France. Cette institution fonctionne depuis 1895 au profit de tous les ouvriers francais ou étrangers.

Participation financière du patron ou de l'ouvrier. — Le but de cette Caisse est d'instituer des pensions de retraites obtenues au moyen de versements trimestriels effectués uniquement par les patrons, sans aucun prélèvement sur les salaires. La contribution ouvrière est facultative : à ces retraites patronales s'ajouteront en effet celles que les ouvriers pourront se constituer eux-mêmes, soit au moyen de versements facultatifs à la Caisse nationale des retraites pour la vieillesse, soit de toute autre manière à leur choix.

Le versement de la Société s'élève, suivant l'âge de l'ouvrier, de 3 fr. 25 à 12 fr. 25.

Conditions requises pour avoir droit à la retraite. — Pour avoir droit à la retraite il faut : 1° Avoir accompli trois années continues et pleines à son service.

2° Pouvoir arriver à 60 ans au plus tard, à avoir accompli 12 ans de service dans les usines associées à la Caisse patronale.

Le stage de 3 ans de service est exigé pour la stabilité et ne diminue en rien le chiffre de la pension.

Montant de la pension. — Le chiffre de pension de retraite pour chaque bénéficiaire correspond au nombre de versements constatés au livret individuel.

Ce livret devient d'ailleurs la propriété de l'ouvrier lorsqu'il constate 48 versements effectués : par conséquent, tout ouvrier qui a travaillé depuis l'âge de 24 ans jusqu'à 60 ans révolus, dans divers établissements associés à la Caisse patronale et dont le livret mentionne

144 versements a droit à 180 francs de retraite ; comme disposition spéciale, la retraite de tout ouvrier qui a travaillé 36 ans dans le même établissement est fixée à 200 francs.

Aux anciens ouvriers ayant dépassé la limite d'âge et qui ne peuvent plus être admis à la Caisse patronale, il est alloué, par la Société des Aciéries de Longwy elle-même, les mêmes pensions que celles versées par la Caisse patronale.

Les anciens ouvriers, titulaires de pensions, sont actuellement au nombre de 18. La Société a versé au cours de l'année 1908, 3.677 francs à la Caisse patronale et 840 francs directement aux ouvriers.

Le petit nombre de pensionnés tient à l'indifférence de ceux qui étaient appelés à bénéficier de ces institutions. Lorsqu'il s'est agi de dresser la liste des candidats, la Société des Aciéries avait demandé à tous ses ouvriers indistinctement de lui fournir au point de vue de leur état civil, tous les renseignements nécessaires à leur inscription, mais bien peu répondirent à cet appel.

Ouvriers mineurs. — Cette caisse fonctionne d'après la loi, c'est-à-dire que 2 0/0 sont versés par le patron. 2 0/0 versés par l'ouvrier.

Pensions et secours aux veuves.

Les veuves d'anciens ouvriers reçoivent des pensions

annuelles, dont l'importance varie suivant les années de service de leur mari.

En 1908, trente-six veuves bénéficiaient de leurs pensions. Les veuves d'ouvriers qui n'ont travaillé que peu de temps à l'usine (quelques années ou quelques mois) reçoivent des secours. C'est ainsi qu'il a été versé pendant l'année 1908, tant à titre de pension qu'à titre de secours aux veuves, une somme de 12.823 fr. 50.

Allocation aux ouvriers titulaires de la Médaille d'honneur du travail.

Une gratification annuelle de 50 francs est accordée aux ouvriers comptant plus de trente années consécutives de service à la Société et titulaires de la Médaille d'honneur du travail, instituée par décret du 16 juillet 1886.

En 1908, 63 ouvriers et employés de la Société étaient titulaires de cette médaille.

Médaillés de la Société Industrielle de l'Est.

La Société leur fait donner une médaille en argent, et prend à ses frais le voyage et le séjour des lauréats se rendant à Nancy à cet effet.

En 1908, 297 ouvriers en étaient titulaires et la dépense s'est élevée de ce chef à 2.160 francs.

Secours divers.

Des secours en argent ou en nature : vêtements,

chaussures, aliments etc. sont délivrés aux ouvriers chargés de famille et aux familles d'ouvriers accomplissant des périodes d'instruction militaire. Ces secours divers se sont élevés en 1908 à 12.410 francs.

Subventions et allocations à diverses Sociétés.

La Société subventionne plusieurs Sociétés de secours mutuels dont son personnel ne fait pas partie ainsi que des Sociétés sportives, ces allocations se sont élevées en 1908 à 4.280 francs.

Elle entretient à ses frais le matériel et l'équipement des compagnies de Sapeurs-pompiers de Longlaville et de Mont-Saint-Martin. Elle alloue à chaque compagnie une subvention qui s'élève au total à 1.000 francs.

Construction de casernement de gendarmerie.

Elle a construit une caserne qui lui a occasionné une dépense de 32.460 francs et a participé à celle de Hussigny pour une somme de 3.899 francs.

Maladie.

A. — *Caisse de secours de l'usine.* — Au moyen d'un versement mensuel de 2 o/o de leurs salaires, les ouvriers reçoivent gratuitement ainsi que leur famille et leurs vieux parents lorsqu'ils sont à leur charge et habitent avec eux :

1° Les soins du médecin.

2° Les médicaments.

3° Les soins des sages-femmes.

4° Une indemnité équivalente au tiers du salaire journalier moyen, à dater du 4° jour, pour tous les jours consécutifs (cette indemnité ne peut être inférieure à 1 fr. 25 par jour pour les hommes mariés). une indemnité supplémentaire de 0 fr. 15 par jour et par enfant de moins de 14 ans est accordée aux ouvriers chargés de famille.

5° Les frais funéraires.

Des secours extraordinaires sont également accordés suivant les cas.

Ce versement de 2 o/o opéré par les ouvriers est insuffisant : aussi la Société comble-t-elle le déficit de chaque année. Il s'est élevé en 1908 à 39.668 francs, alors qu'il était seulement de 11.008 francs en 1907. Les subventions accordées de ce chef de 1897 à 1908 se sont élevées à 203.487 fr. 42. Le déficit comblé par la Société était de 14.503 francs en 1897, de 20.482 francs en 1902, de 5.695 francs en 1906 et 39.668 francs en 1908.

B. — *Société de secours mutuels.* — Les ouvriers ont fondé et administrent eux-mêmes six sociétés de secours mutuels dont le but est de :

1° Payer une indemnité pendant la durée d'une maladie ou d'une incapacité de travail résultant d'un accident.

2° D'accorder aux participants malades : blessés ou

infirmes et à leur famille, en cas de besoins urgents, des secours exceptionnels.

3° De pourvoir aux funérailles des membres décédés.

4° D'allouer des secours aux ascendants, veuves et orphelins.

5° D'allouer des secours aux participants faisant une période d'instruction militaire.

La Société des Aciéries de Longwy subventionne ces Sociétés, en versant à chacune o fr. 5o par mois et par membre participant ; elle verse aussi les cotisations des membres qui n'auraient pu s'en acquitter eux-mêmes.

Pendant l'année 1908 ces dépenses se sont élevées à 12.605 francs.

Pour la *Mutuelle des Ateliers et Fonderies*, la situation était la suivante, de l'année 1904 à l'année 1908.

Total des cotisations . . . . . . 20.422 fr.

Subvention de l'exploitant . . . . 10.624 »

Cotisations des membres honoraires . . . . 1.002 » 5o

Subvention de l'Etat . . . . . 377 » 01

Intérêt des fonds placés . . . . 60 »

Soit pour les recettes totales . . . 32.495 »

Pour l'exercice 1904-1905 le nombre des affiliés était de 281, le montant des cotisations ouvrières de 5.277 fr. les dépenses se décomposaient de la façon suivante : 5.643 francs pour indemnités de maladie, 120 francs pour frais funéraires, 750 francs pour secours aux veuves et orphelins, 728 francs pour secours aux militaires soit au total 7.241 francs.

En 1908, celles-ci s'élevaient respectivement à 23.334 francs, 480 francs, 2.990 francs, 3.516 francs, soit au total 30.761 francs y compris des secours exceptionnels qui s'étaient élevés à 600 francs. Le nombre des adhérents s'était élevé à 475, le montant des contributions ouvrières à 5.498 francs et celui des contributions patronales à 2.691 francs.

Société de secours mutuels des ouvriers et employés des laminoirs.

Elle a été fondée en mai 1906. Elle comprenait 521 adhérents en 1906 et 516 en 1908 ; de 1906 à 1908 le montant des cotisations ouvrières s'est élevé de 3.283 francs à 6.094 francs : les subventions de la Société des Aciéries de Longwy de 1.641 francs à 7.801 fr., le nombre des sociétaires secourus de 150 à 386 : les dépenses pour frais de maladie de 1.359 francs à 4.211 francs, les secours aux familles dans le besoin de 75 francs à 620 francs, les indemnités aux veuves et orphelins de 250 francs à 1.453 francs, les frais d'administration de 65 francs à 216 francs, les allocations aux militaires de 2.151 francs à 1.211 francs, soit au total de 4.064 francs en 1906, à 20.663 en 1908.

Société de secours mutuels du service des constructions et électricité.

Cette Société a été fondée en août 1905. Le montant

des adhésions s'est élevé de 713 francs à 1.793 francs,
la subvention de la Société des Aciéries de Longwy de
368 francs à 964 francs, le nombre des sociétaires secourus de 7 à 291 et les dépenses de 95 francs en 1905,
à 2.961 francs en 1908.

Société de secours mutuels des ouvriers et employés de Chemins de fer.

Le nombre des adhérents était de 258 en 1900 et de
244 en 1908, le montant des cotisations ouvrières
s'est élevé de 1900 à 1908 de 1.982 francs à 2.466 francs ;
la subvention de la Société des Aciéries de 991 francs à
1.223 francs, le nombre des sociétaires secourus de 57
à 132, et les dépenses de 889 francs à 1.619 francs
pour frais de maladie et pour le total de 951 francs en
1900 à 3.837 francs en 1908.

Mutuelle des ouvriers et employés de la Mine de Tucquenieux.

Conformément à la loi de 1894, il a été fondé une
mutuelle dont l'objet est de fournir :

1° En cas de maladie, une indemnité de 1 franc par
jour, plus 0 fr. 40 pour la femme et 0 fr. 40 par enfant.

2° Une indemnité de 10 francs par nouveau-né aux
femmes en couches.

3° Des indemnités variant avec l'importance de la famille pour périodes d'instruction militaire.

4° Des secours en nature (vêtements).

La contribution de la Société est égale à la moitié de celle de l'ouvrier ; le prélèvement qui était à l'origine de 2 o/o du salaire, n'est plus que de 1 o/o depuis 1905 et depuis 1908 de 1/2 o/o. De 1901 à 1908 le nombre des adhérents s'est élevé de 138 à 534, la contribution ouvrière de 3.936 francs à 4.249 francs, la contribution patronale de 1.967 francs à 2.124, et les dépenses totales de 2.800 francs à 19.607 francs.

Assistance maternelle.

La Société des Aciéries subventionne l'Association d'assistance maternelle des Dames de Longwy. Cette œuvre de bienfaisance a pour but de venir en aide aux femmes enceintes habitant Longwy et les quatre communes limitrophes Mont-Saint-Martin, Longlaville, Herserange et Rehon. L'assistance maternelle accorde aux femmes enceintes :

1° Une indemnité suffisante payée à la sage-femme choisie par l'accouchée.

2° Des objets de literie prêtés par l'œuvre qui fournit le linge de corps nécessaire pour la mère et l'enfant.

3° Une indemnité versée à une femme chargée de donner des soins à l'accouchée et à son ménage.

La subvention de la Société des Aciéries consiste à fournir une partie importante de ces secours : soins de sages-femmes, bons alimentaires, layettes, etc...

En 1908, elle a distribué des secours à 100 mères (sur un total de 204 admises aux secours par l'Association d'assistance maternelle) pour une somme de 3.245 fr. 80. Le total des secours distribués par l'œuvre d'assistance avec le concours des diverses usines, des communes et de plusieurs administrations s'est élevé en 1908 à 9.686 fr. 60.

La participation des Aciéries de Longwy dans cette œuvre a donc été de 32.47 o/o.

Accidents.

La Société des Aciéries de Longwy s'est affiliée à la Caisse syndicale d'assurance mutuelle des Forges de France contre les accidents, fondée en 1891 par les principaux établissements métallurgiques.

La prime versée à la Caisse syndicale en 1908 s'est élevée à 414.694 fr. 55.

En outre des indemnités versées par la Caisse syndicale, la Société des Aciéries, même avant la loi de mars 1905, payait volontairement aux victimes d'accidents l'indemnité journalière à partir du premier jour quelle que soit la durée de l'incapacité, il en est résulté pour 1908 une dépense de 11.891 fr. 90 ; pour 1905 une dépense de 11.613 francs et pour 1900 une dépense de 12.037 francs.

Sécurité et hygiène dans les ateliers.

Elle est affiliée à l'Association des industriels de France contre les accidents du travail, groupement qui compte 3.000 membres occupant 350.000 ouvriers.

Elle a coopéré également à la fondation de la Caisse syndicale d'assurances mutuelles de France contre les accidents du travail. Cette Société mutuelle possède une organisation spéciale de surveillance et de contrôle.

Postes de secours.

Il existe des postes de secours dans tous les services de l'usine parfois même plusieurs dans le même service, pour les hauts fourneaux par exemple.

On trouve là tous les objets et médicaments nécessaires aux premiers soins à donner, appareils respiratoires, etc...

Appareils de protection.

Indépendamment des appareils de protection proprement dits, la Société met à la disposition du personnel, tous les accessoires qui peuvent aider à la commodité de l'ouvrier : vêtements, imperméables, brassières en cuir, etc...

Hygiène générale.

Dans tous les services ont été installés des réfectoires chauffés, meublés avec armoires individuelles où l'ouvrier peut ranger ses provisions, des fourneaux pour la cuisson si l'ouvrier désire les préparer lui-même.

Elle a aménagé à l'Hôtel Saint-Martin un réfectoire spécial où l'ouvrier vient consommer les repas qu'il apporte tout préparés du dehors ou qui lui sont vendus à des prix inférieurs au prix de revient.

Hygiène individuelle.

Dans tous les services il y a des lavabos avec eau chaude et froide.

Bains-douches. — Deux groupes de bains douches ont été construits, chacune des installations comprend 2 cabines avec baignoire et 12 cabines isolées. Le service en est gratuit. A Tucquenieux a été construit un bâtiment et deux annexes d'une superficie de 624 mètres carrés, ces annexes contiennent chacune 30 bains douches.

Boissons hygiéniques. — Pour lutter contre l'alcoolisme des distributions gratuites de café et de boissons hygiéniques, sont faites aux ouvriers en été, ce qui fait une dépense de 6.000 francs par an en moyenne.

Hôpital de l'Hôtel-Dieu.

Il a été construit de 1896 à 1900 un Hôtel-Dieu dont la construction à coûté 650.000 francs. Il occupe avec ses dépendances une superficie de 1 hect. 53 a. 80 cent.

Il comprend un pavillon de chirurgie avec cabinet de consultation, salle de visites et de lavage, salles de pansement, salle d'opération et laboratoire, salle de radiographie, plusieurs chambres de gynécologie, un pavillon de médecine avec laboratoire de bactériologie.

pharmacie et salles d'hydrothérapie, un pavillon d'isolement.

L'Hôtel-Dieu hospitalise les ouvriers malades et les blessés qui ne peuvent être soignés à domicile et ce à titre gratuit.

Les femmes et les enfants sont également hospitalisés avec réduction de prix suivant les cas. 14 religieuses assurent le service hospitalier. Un médecin est affecté au service médical et chirurgical. Le prix de la journée de traitement est de 4 fr. 25 ; pour les enfants il est de 3 fr. 25. En 1908 il a été hospitalisé 350 personnes au service chirurgical, et au service médical 145.

Les dépenses annuelles pour l'entretien des malades et blessés, salaires du personnel se sont élevées pour l'annnée 1908 à 104.356 francs.

Infirmerie.

Une infirmerie a été créée à Moulaine et une autre à la mine de Tucquenieux. Cette dernière possède une salle à 6 lits. Une salle de bains-douches y est annexée. L'installation de cette infirmerie a entraîné une dépense de 20.000 francs.

Service médical de l'extérieur.

Dans les localités éloignées du siège des établissements de la Société, 15 médecins, chacun dans une zone déterminée, assurent le service médical. Ont droit gratuitement aux soins du médecin et aux médicaments :

A. — L'ouvrier non marié et ses vieux parents à sa charge habitant avec lui.

B. — L'ouvrier marié, sa femme, ses vieux parents, les enfants habitant avec lui et à sa charge. La Société paie aux médecins de zone leurs honoraires sous forme d'abonnement. Les dépenses de ce chef se sont élevées en 1908 à 17.988 francs.

Hôpital de Hussigny.

En 1908, la Société a participé à la construction d'un hôpital à Hussigny avec cinq autres Sociétés. La dépense s'est élevée à 106.000 francs.

Elle en est copropriétaire pour un cinquième et a participé à la dépense de 18.896 francs. Cet hôpital peut contenir 27 lits.

Alimentation.

Pour procurer au personnel des denrées à prix réduits et de bonne qualité, la Société des Aciéries a encouragé la création de coopératives de consommation et a créé elle-même des magasins coopératifs et des hôtels où prennent pension ses ouvriers et ses employés.

Coopératives de consommation. — Sur l'initiative de la Société des Aciéries, les ouvriers ont créé des coopératives de consommation à Gouraincourt, Mont-Saint-Martin, Longlaville, Tucquenieux et Hussigny. Elles ont été créées grâce à l'appui financier de la Société des Aciéries et à son appui moral qui leur a permis de trouver auprès de leurs fournisseurs et de leurs banquiers le crédit dont elles avaient besoin. Il en fut ainsi en particulier pour la coopérative de Gouraincourt : lors de la création de la coopérative, beaucoup de sociétaires ne purent acquitter immédiatement le montant de leurs actions (prix de l'action 5o fr.) : la Société avança alors sans intérêts la somme de 20.000 francs, montant du capital initial ; cette somme a été remboursée et les sociétaires sont actuellement tous propriétaires de leurs actions. Elle a avancé de même à la coopérative de Mont Saint-Martin la somme de 3o.000 francs montant de son capital. A Tucquenieux, l'économat fut transformé en coopérative en 19o5, le matériel et les marchandises furent cédées au prix coûtant.

Hôtels et magasins coopératifs. — En 188o, année où fut fondée la Société des Aciéries, le quartier de Mont-Saint-Martin était dépourvu de tout commerce. Pour éviter un renchérissement anormal des vivres, elle créa à cet effet l'économat et l'hôtel Saint-Martin, cela était d'autant plus nécessaire, que l'on dut pourvoir à l'entretien des ouvriers étrangers, qui n'étant pas connus, n'auraient trouvé aucun crédit dans le pays.

Habitations construites par la Société.

Nombre et coût des logements construits. — La Société a construit pour ses ouvriers et employés 275 maisons individuelles, qui lui ont coûté 1.840.000 francs et comprenant 275 logements, et 136 maisons collectives dont le coût de construction a été de 1.121.700 francs et contenant 302 logements. Toutes ces maisons ont un jardin : la contenance totale est 13 hectares 60 ares : à Longwy, la superficie moyenne est de 2 ares, il en est de même à Gouraincourt, à Mont-Saint-Martin, où elle est de 2 ares 5, à Longlaville de 2 ares 5, à Moulaine de 4 ares, à Tucquenieux de 1 are 40.

Depuis la création de la Société, 2.962.300 francs ont été dépensés pour la construction de ces maisons. La dépense d'entretien s'est élevée en 1902 à 39.426 francs et à 63.144 francs en 1908.

Prix de location et rémunération du capital. — Pour les ouvriers, le prix par pièce occupée est de 5 francs. Ce taux ainsi fixé attribue une rémunération de 4 1/2 o/o et même de 2 à 2 1/2 o/o si on déduit du revenu brut la valeur des réparations, l'impôt et l'assurance. La gratuité du logement est accordée aux employés principaux et les autres bénéficient d'un taux réduit.

Participation à la Société des Habitations à bon marché de Longwy.

Au capital de 260.000 francs, cette Société a pour but de rendre l'ouvrier propriétaire aux meilleures conditions possibles.

Le prix de revient d'une maison de 3 pièces varie de 3.600 francs à 4.800 francs. Le prix du loyer simple varie de 216 à 288 francs. Le prix du loyer avec amortissement en 20 ans est de 367 francs.

La Société avait au 31 décembre 1908 : 99 maisons en location-vente (dont 31 à des ouvriers ou employés de la Société des Aciéries de Longwy ; 107 maisons en location simple, dont 42 à des ouvriers ou employés de la Société de Longwy et 24 maisons vendues, dont deux à des ouvriers ou employés de la maison de Longwy.

Mesures tendant à assurer la bonne tenue des maisons.

Un surveillant spécial est chargé d'assurer la bonne tenue des logements. Des primes en argent et des diplômes sont accordés aux ouvriers dont les logements sont les mieux tenus,

Avances pour la construction.

Conditions pour avoir droit au prêt.— Pour emprunter, l'ouvrier doit être propriétaire du terrain ou posséder la somme nécessaire à l'acquisition de ce terrain.

Les prêts sont consentis aux taux de 4 o/o. Le remboursement en est facilité par des prélèvements mensuels sur les salaires. Depuis 1895, une somme de 377.500 francs a été ainsi prêtée pour la construction de 44 maisons. Les sommes sont prêtées dans le but de rendre l'ouvrier propriétaire et pour lui permettre de réparer et d'améliorer les maisons antérieurement construites.

Rapports entre les salaires, les dividendes
et les institutions patronales.

En 1880, date de la fondation de l'usine, la Société versait à ses 793 ouvriers une somme globale de 688.906 francs et en 1908:86.394 fr.54 y compris les primes. Pour l'ensemble de l'usine, le salaire moyen pour les années 1890 s'est élevé de 3.524 francs à 4.750 francs pour les salaires minima en 1908 et de 4.061 francs pour les salaires maxima à 5.480 francs en 1908, de sorte que le salaire minimum moyen a augmenté de 34,79 o/o et le salaire maximum de 34,94 o/o.

Les charges pécuniaires des institutions patronales se sont élevées pour 1908 à 1.110.642 francs. Elles représentent 13.13 o/o du salaire et 46,27 o/o du dividende.

Hôtel.

L'absence d'hôteliers, de logeurs, de restaurateurs détermina la Société à construire un hôtel. Cet hôtel comprend actuellement 49 chambres destinées aux ingénieurs, aux employés, et aux personnes qui se rendent à l'usine pour affaires. 28 chambres à l'usage de dortoirs, pouvant loger 80 ouvriers, un cercle, plusieurs salles à manger et un vaste réfectoire. Dans une des salles de l'hôtel a été installée la bibliothèque à laquelle a été annexé un grand salon de lecture. Cet hôtel a coûté 345.000 francs et a été construit à Mont-Saint-Martin.

A Tucquenieux, la Société a créé en 1906, pour les mineurs un premier hôtel comprenant deux corps de bâtiments avec chacun 18 chambres. Chaque chambre a le chauffage à la vapeur et l'électricité. Cet hôtel possède un réfectoire pouvant contenir 200 personnes, où non seulement les ouvriers peuvent venir consommer les aliments qu'ils apportent, mais où ils peuvent aussi se procurer des aliments tout préparés. Le prix des portions est ainsi fixé : Pain 0 fr. 05 et 0 fr. 10 ; bouillon, 0 fr. 10 ; viande et légumes, 0 fr. 40 ; viande seule, 0 fr. 50 ; Légumes seuls, 0 fr. 15 ; lait (le litre), 0 fr. 20 ; vin (le litre), 0 fr. 30.

Il est vendu de 450 à 500 portions par jour représentant une somme globale d'environ 66.000 francs par an. Un ouvrier peut donc se procurer un repas complet et substantiel comprenant : pain, vin, viande, et légumes variant de 0 fr. 60 à 0 fr. 80.

Hôtel de Tucquenieux. — Créé en 1906 pour les mineurs, il possède un vaste réfectoire. Le prix de la pension est de 2 francs par jour. Il ne réalise aucun bénéfice : s'il y en avait, ces bénéfices seraient répartis entre les pensionnaires au prorata du prix de la pension. Un autre hôtel pouvant abriter 72 ouvriers vient d'être construit dans les mêmes conditions.

Institutions concernant le bien-être moral.

Ouvroir. — En 1888, il a été créé par Mme Dreux. femme de l'administrateur-directeur, qui se consacre à la plupart des institutions d'enseignement et d'assistance créées par la Société des Aciéries, un ouvroir qu'elle dirige elle-même. Il est fréquenté par des femmes d'employés et d'ouvriers qui y confectionnent des vêtements pour les familles nécessiteuses. En 1908, 285 familles ont reçu des vêtements. La dépense totale s'est élevée en 1908 à 2.264 francs.

Enseignement. — Parmi les œuvres d'enseignement, qui appartiennent en propre à la Société des Aciéries de Longwy, qu'elle a elle-même créées et qu'elle entretient de ses deniers dans les locaux qui lui sont propres il y a : une école maternelle, une école ménagère, un cours de dessin, un groupe scolaire à Moulaine et comprenant une école de filles et de garçons et une école enfantine. Elle a collaboré aux groupes scolaires de Hussigny et de Tucquenieux. Elle subventionne divers collèges ou établissements d'enseignement technique, où elle a fondé des bourses pour les fils de ses ouvriers et employés.

École maternelle. — Fondée par la Société des Aciéries en 1884, elle est destinée à recevoir les enfants de 2 à 6 ans. Elle est dirigée par des institutrices laïques payées par la Société. Le nombre des élèves était en 1908 de 260.

Elle permet ainsi aux mères de vaquer avec plus de liberté aux soins de leur ménage. L'enfant d'autre part y reçoit les premiers éléments d'éducation. Cette école est moins une école, qu'un abri destiné à préserver l'enfant des dangers de la rue et de la solitude.

Ecole ménagère. — En 1903, la Société des Aciéries a créé une école ménagère destinée aux jeunes filles. Sont admises à suivre les cours les filles des ouvriers et employés et cela gratuitement. Aucune élève n'est admise avant l'âge de 13 ans avant d'avoir terminé ses études primaires.

Les cours se tiennent dans les locaux appartenant à la Société. L'école qui en 1903 comptait 27 élèves en comptait 60 en 1908 : 300 jeunes filles y sont entrées depuis la création. Le repas qu'elles ont préparé leur est donné gratuitement.

Cours de dessin. — Un cours gratuit de dessin est fait aux jeunes ouvriers par des ingénieurs sous la direction d'un chef de service. Ce cours fréquenté lors de sa création en 1889 par une trentaine d'élèves, s'était élevé en 1908 à 70.

Groupe scolaire de Moulaine. — Il a été construit à Moulaine, qui compte environ 150 enfants, en raison de l'éloignement des autres écoles un groupe scolaire comprenant une école de garçons, une école de filles et une salle d'asile. A la dépense totale qui s'est élevée à 52.000 francs, il faut ajouter le traitement des instituteurs et institutrices.

Charges de la Société. — Pour 1908, l'ensemble des dépenses pour les œuvres étudiées ci-dessus s'est élevé à 1.112.906 fr. 35 en y comprenant les primes payées à la Caisse d'assurance contre les accidents qui entrent dans ce total pour une somme de 426.586 francs. Cette dépense représente 13, 15 o/o du salaire et 46, 37 o/o du dividende distribué aux actionnaires.

SOCIÉTÉ DU PIED-SELLE, A FUMAY (Ardennes)

Participation aux bénéfices.

Il a été prélevé sur le dividende pour la rémunération du capital l'intérêt calculé à 5 o/o du capital social. Sur le surplus du dividende représentant le bénéfice réel, il a été prélevé en faveur du personnel une gratification de 25 o/o, déduction faite des impôts qui frappent le dividende.

Participent à la gratification tous les employés et ouvriers, ayant au moins 286 journées de travail en 1907.

La part est augmentée de 3 francs par jour supplémentaire pour tous ceux qui ont plus de 286 jours de présence à l'usine. Par exemple un ouvrier ayant 300 journées de travail à l'usine touche 62 francs + 14 jours à 3 francs, c'est-à-dire 104 francs.

La moyenne des journées de présence ayant été supérieure à 286, il a manqué un appoint pour payer les trois francs supplémentaires. C'est la Société qui l'a fourni.

S'il était resté un excédent par suite du nombre inférieur de journées de travail, il eût été versé à la caisse de secours mutuels.

Pour l'exercice 1907, le chiffre à répartir a été de 8.925 francs, le nombre des participants de 144. Dix membres touchent de 101 à 106 francs, 40 de 61 à 70 francs.

Maladie.

Il a été formé depuis 1904, une société de secours mutuels, dont l'objet est d'assurer à ses membres les soins médicaux et pharmaceutiques, une indemnité pendant la durée de l'incapacité de travail. Les médicaments sont accordés pour une durée de 4 mois seulement.

Quant à l'indemnité, elle s'élève pendant les quatre premiers mois à 1 franc pour les sociétaires âgés de plus de 18 ans, à 0 fr. 50 pour ceux de moins de 18 ans. Les membres participants et retraités qui continuent le paiement des 2/3 de leurs cotisations ont droit aux soins médicaux et pharmaceutiques.

Elle assure en outre le même secours qu'en cas de maladie aux femmes en couche, une allocation pour frais funéraires au plus égale à 40 francs et dans des cas extraordinaires des secours aux familles qui se trouvent dans le besoin.

Retraites pour la vieillesse.

La Société de secours mutuels assure aussi à ses membres une retraite ; elle est alimentée par les cotisations des membres honoraires, les subventions, dons et legs de l'usine. Les sommes sont placées à deux comptes distincts : 1° au fonds commun inaliénable qui en dehors du taux 4 1/2-0/0 donne droit aux subventions de l'Etat.

2° au compte fonds libre qui jouit du taux 4 1/2 o/o. Chaque année l'assemblée fixe le montant des sommes qui seront distribuées.

Pour avoir droit à la retraite, il faut avoir 55 ans d'âge et 20 ans de sociétariat. La répartition du montant global de la somme affectée aux pensions est faite entre les ayants droit, de façon que la retraite soit proportionnelle au nombre d'années de sociétariat. Elle augmente avec le nombre d'années de sociétariat. Une allocation renouvelable peut être également accordée aux membres participants ayant moins de 55 ans d'âge, et moins de 20 ans de sociétariat.

Les cotisations se sont élevées de 1905 à 1908 à 19.763 fr. 60, et les subventions des membres honoraires à 25.220 francs.

Les frais médicaux se sont élevés pour ces quatre années à 2.855 francs et les dépenses totales à 18.335 fr. et l'excédent d'actif en 1908 à 35.056 francs.

FORGES DE HAIRONVILLE (MEUSE)

Il a été formé une Société de secours mutuels dont l'objet est d'assurer aux sociétaires la gratuité des soins médicaux et pharmaceutiques, une indemnité journalière en cas de maladie qui s'élève à 40 o/o du salaire. Les sommes versées depuis la fondation s'élèvent à 56.291 francs.

Le repos hebdomadaire est assuré aux ouvriers depuis déjà 25 ans.

—————

SOCIÉTÉ ANONYME DES HAUTS - FOURNEAUX ET FONDERIES DE PONT-A-MOUSSON

L'usine de Pont-à-Mousson, créée en 1856, comprend cinq hauts-fourneaux, une fonderie de tuyaux coulés verticalement, une fonderie à plat, un atelier d'entretien et de construction, des ateliers de fabrication de briques de laitier, etc.

La Société possède en outre à Auboué, à 50 kilomètres de Pont-à-Mousson, dans l'arrondissement de Briey. deux hauts-fourneaux qui ont été mis à feu en 1905, et une exploitation minière par puits, produisant 50.000 à 60.000 tonnes de minerai par mois. Elle possède aussi, dans l'arrondissement de Nancy, un certain nombre de concessions de mines dont quatre en exploitation aux environs de Marbache. La Société occupait en 1905, 3.500 ouvriers dont 2.400 à 2 500 à Pont-à-Mousson.

En 1908 elle employait 4.100 ouvriers et leur versait pour 6.353.880 francs de salaires en 1908 soit un salaire moyen de 1.550 francs. Il a été versé en 1878 ; 1.289.044 francs à 1.159 ouvriers, soit un salaire moyen de 1.110 francs. En 1889 il était versé 1.470.835 francs pour 1.238 ouvriers, soit un salaire moyen de 1.190 fr. En 1900, un salaire moyen de 1.330 francs était donné à 2.390 ouvriers.

Les salaires de 1908 sont supérieurs de 50 o/o à ceux de 1878.

Retraites ouvrières. — Allocations aux anciens ouvriers.

Depuis 1895, des étrennes et allocations de retraite étaient versées aux ouvriers et anciens ouvriers décorés de la médaille officielle du travail sans aucune retenue sur les salaires.

En raison de la loi sur les retraites ouvrières, certaines modifications ont été introduites dans le règlement de ces allocations dont les dispositions sont les suivantes :

1° Tout ouvrier titulaire de la médaille de la Société Industrielle de l'Est et ayant par conséquent 20 ans de service reçoit en 1909 une gratification de 1 franc par année de service, égale par conséquent à 20 francs mais ne pouvant dépasser 30 francs.

2° Tout ouvrier ayant 30 années de service, décoré

ou non de la médaille d'honneur du travail et travaillant encore à l'usine, reçoit en 1909 une gratification de 5o francs.

3° Tout ouvrier ayant 3o ans de service et 6o ans d'âge et obligé de quitter son travail pour infirmités ou maladie recevra une gratification de 100 francs ou encore une allocation mensuelle de 3o francs, ou une allocation réduite s'il quitte avant 6o ans, et cela après avis d'un comité consultatif.

4° La veuve d'un ancien ouvrier décoré de la médaille officielle du travail, si elle est âgée de 55 ans révolus pourra recevoir en 1909 une allocation pouvant varier entre 70 et 180 francs, à condition que son mariage ait eu lieu quinze ans au moins avant l'obtention de la médaille du travail obtenue par le mari.

Ces dispositions pourront être appliquées aux ouvriers mineurs de la Société, bénéficiant déjà de la caisse des mineurs.

La Société se réserve le droit d'apporter toutes les modifications qu'elle jugera convenables en suspendant, ou même en les supprimant, si les circonstances commerciales, industrielles ou économiques lui en faisaient une obligation ; ou si la loi sur les retraites ouvrières était promulguée en 1909.

Montant des allocations accordées en 1909 aux veuves d'ouvriers décorés. — A. — Mari décédé ayant 3o à 35 ans de service. — Cette somme varie avec l'âge et le nombre d'années de mariage. Entre 55 et 56 ans après

15 ans de mariage, elle a été de 70 francs. Après 20 ans, elle a été de 80 francs ; après 25 ans, elle a été de 90 francs ; après 30 ans, elle a été de 100 francs en 1909. Entre 59 et 60 ans et plus, elle s'élève à 120 francs après 30 ans de mariage.

B. — Mari décédé ayant 35 à 40 années de service.

Entre 55 et 56 ans, elle a été respectivement après 15, 20, 25 et 30 ans de mariage de 100, 110, 120 et 130 francs.

C. — Mari décédé ayant 40 années de service et plus. Entre 55 et 56 ans, elle a été respectivement après 15, 20, 25 et 30 ans de mariage de 130, 140, 150 et 160 fr.

Nombre de bénéficiaires de chacune de ces libéralités. Ont touché la gratification de 1 franc par année de service, 145 ouvriers au 31 décembre 1906, et 130 en 1908. Ont touché les gratifications annuelles de 50 francs et mensuelles de 30 francs en 1895, 30 ouvriers pour la première et 0 pour la seconde : en 1900 : 39 pour la première et 13 pour la seconde ; pour 1908 : 75 pour la première et 25 pour la seconde.

Bases pour déterminer le montant de l'allocation des ouvriers mineurs. — La Société de Pont-à-Mousson fera intervenir, pour fixer la quotité des allocations de ses ouvriers les sommes touchées par eux et provenant soit de la Caisse nationale des retraites, soit de l'allocation ou majoration à valoir sur le métier de mineurs, soit de toutes autres sources résultant de lois nouvelles telle que la loi sur les accidents de travail.

Droits des veuves d'ouvriers mineurs. — Elles pourront bénéficier des allocations données aux veuves d'ouvriers métallurgistes, dans le cas où leur pension de retraite résultant de la loi, seraient inférieures aux allocations résultant du dit règlement.

Anciens ouvriers et veuves d'anciens ouvriers entrant dans un établissement de bienfaisance. — Leur situation est ainsi réglée. En 1909, la Société versera une allocation de 6 francs à ces ouvriers et de 3 francs aux veuves d'anciens ouvriers. Cette allocation est mensuelle.

Allocation en cas de décès des anciens ouvriers décorés de la médaille officielle du travail ou de la Société industrielle de l'Est. — Elle continuera à verser en 1909 aux ouvriers décédés après 6 mois au moins de travail ininterrompu à la Société une somme de 15 francs et de 3o francs s'ils décèdent étant en service, et de 5o francs pour ceux décorés ayant 3o ans de service, comme contribution aux frais d'inhumation.

Chauffage des ouvriers.

Il existe, à la Société un service d'approvisionnement de charbon pour les ouvriers. L'usine groupe les demandes des ouvriers, et leur fait livrer le charbon au prix consenti par ces charbonnages à la Société. Celle-ci fait l'avance du paiement du charbon et du transport à l'ouvrier, qui les rembourse par mensualités. En 1907, 33o ouvriers se sont fait ainsi livrer 6 2o.ooo kil. de charbon.

Bourses scolaires.

La Société attribue des bourses pour permettre aux fils de ses ouvriers de poursuivre leurs études. Enfin la Société consacre chaque année une dizaine de mille francs répartie entre la garderie, l'hôpital, la société de secours mutuels, les groupes scolaires, la société de tir, etc...

Caisse d'épargne.

La Société a provoqué la création d'une succursale de la caisse d'épargne de Pont-à-Mousson dans l'usine même. Elle fait une donation à la caisse d'épargne, pour que celle-ci serve un intérêt de 4 o/o à ses déposants. De plus au capital inscrit sur le livret s'ajoute une gratification basée sur le nombre et l'importance des versements de chaque déposant et qui fait monter le taux d'intérêt, selon les cas à 6, 7, 8, 9 et 10 o/o pour de petits versements répétés, de façon à encourager la régularité des placements même peu importants. C'est ainsi qu'un ouvrier versant régulièrement 10 francs par mois, voit au bout de l'année son épargne lui rapporter plus de 6 o/o, sur la totalité de la somme versée. En troisième lieu, des prix sont donnés par l'usine, en particulier sous forme de bons de 500, 100, 50 et 20 francs, bons tirés au sort deux fois l'an, entre les ouvriers ayant effectué des versements pendant le semestre écoulé. Il a été porté en 1908 pour un nombre de 1.900 déposants

une somme de 592.357 francs. La dotation de la Société
s'élevait à 18.000 francs. En 1905 ces chiffres étaient respectivement de : 344 — 258.859 francs de 2.000 francs.

Pour encourager l'épargne, elle a fait tirer au sort
entre les déposants une maison avec jardin d'une valeur
de 5.000 francs et a acheté des terrains à distribuer de
la même façon. Pour encourager les femmes à se constituer des livrets, des tombolas sont instituées au profit
de celles-ci. Les lots sont composés de vêtements et de
fournitures de ménage et chaque fois pour une valeur
de 2.000 francs. Le nombre en est passé de 171 en 1907
à 300 en janvier 1908 et à 320 au 1er janvier 1909.

Maladie.

Depuis 1873, la Société a organisé dans ses usines de
Pont-à-Mousson un service médical et pharmaceutique
gratuit pour les ouvriers malades non blessés. Dans ses
usines d'Auboué et de Foug, elle verse aux caisses de
secours un certain pourcentage des salaires. Des secours
sont en outre alloués aux ouvriers nécessiteux : il fonctionne à cet effet depuis 1906 au siège de la Société un
Comité consultatif des œuvres de solidarité. La mission
de celui-ci est d'examiner les demandes de prêts ou
d'assistance en argent ou en nature, de rechercher et de
soulager les misères cachées, de découvrir les familles
nécessiteuses, qui n'oseraient pas solliciter un secours
de la Société. Le montant total des secours comprenant
des articles d'alimentation, des vêtements, des alloca-

tions pour service militaire, des réductions de loyer, s'est élevé pour 1908 à 6.879 francs.

Allocations aux familles des réservistes et territoriaux.

Ces allocations se composent de trois parties : 1° Une allocation de 1 franc par jour pour la femme légitime d'un simple soldat, de 1 fr. 25 pour celle d'un caporal ou brigadier, et de deux francs, si l'ouvrier est sous-officier. 2° Une allocation de 0 fr. 25 par jour et par enfant légitime âgé de moins de 13 ans. 3° Une allocation de 0 fr. 10 par jour pour chaque année d'ancienneté jusqu'à 10 ans de service. 150 familles d'ouvriers ont déjà bénéficié de l'institution. A partir de mai 1909, la Société pourra verser une allocation mensuelle égale à autant de fois un franc que l'ouvrier aura d'années de service à l'usine.

Jusqu'à 5 francs par mois, l'allocation lui est intégralement versée, au-dessus de 5 francs, le surplus ne sera versé à l'ouvrier qu'un mois après sa libération et quinze jours au moins après la reprise du travail.

Logements.

L'usine de Pont-à-Mousson se trouvant à proximité d'une ville d'une certaine importance et au centre d'un groupement de nombreux villages, la question des habitations ouvrières ne s'y est jamais posée d'une façon aiguë. Mais à Foug et à Auboué, la situation est diffé rente, surtout en ce qui concerne Auboué qui se trouve dans une région dépourvue de ressources.

Auboué.

La fondation des établissements d'Auboué remonte à 1897, la mise en exploitation de la mine a commencé en 1901 ; les hauts-fourneaux ont été construits en 1903. Aujourd'hui l'usine après avoir fonctionné depuis cinq ans et la mine depuis sept ans, occupent 1.600 ouvriers et font vivre dans le pays environ 3.500 personnes.

Étude des différents types de maison.

Les habitations ouvrières y sont groupées en 6 cités. Une cité comprend un groupe de 14 maisons à 2 logements. Il y a 3 pièces par ménage avec cave et grenier et un jardin de quelques ares. Le prix de revient est de 7.000 francs soit de 98.000 pour le tout. La cité du Tunnel construite de 1899 à 1905 comporte 3 groupes : 24 maisons à 2 logements par maison à 4 pièces par ménage avec cave, grenier, buanderie et jardinet : 28 maisons à 2 logements par maison à 3 pièces par ménage avec cave, grenier, buanderie et jardinet ; 26 maisons avec un seul logement par maison, 5 pièces par logement avec cave, grenier, buanderie et jardin.

Le prix de revient de ces cités a été de 620.000 francs. Les maisons d'employés au nombre de 7, comprennent un ménage par habitation, 6 pièces par ménage avec cave. grenier et jardin. Le prix de revient en est de 8.000 francs.

Il a été construit en outre 28 maisons à un logement par maison avec quatre pièces, 21 avec trois pièces, 24 avec deux pièces et toutes avec cave, grenier et jardin.

Des baraquements ont été construits à Coinville : de nombreux célibataires étant en effet employés à l'usine, la Société leur a construit un groupe de trois bâtiments pouvant abriter 64 personnes. Ils sont munis chacun d'une buanderie, séchoir, bûcher, lavabo, cuisine, cellier, réfectoire. Chaque bâtiment a coûté 8.000 francs. D'autres cités construites en 1905-07 comprennent 58 maisons à un seul logement avec un logement par maison et comprenant 4 pièces. Elles ont coûté 360.000 francs. Les maisons pour mécanicien et surveillant ont été construites en 1904-05 avec 5 pièces par logement et ont coûté 7.000 francs.

Une cantine est en construction. Elle comprendra un rez-de-chaussée et deux étages avec logement pour cantinier et un logement pour 110 ouvriers célibataires. Le prix de revient sera de 70.000 francs.

En résumé il a été construit par la Société à Auboué de 1898 à 1908 : 271 maisons ouvrières, avec 386 logements pouvant abriter environ 3.000 personnes. Le capital engagé pour la construction de ces maisons dépasse 2 millions de francs.

Maisons construites à Foug.

Les cités ouvrières construites en 1906 et 1907 comportent cinq groupes de maisons à deux logements à quatre pièces par logement. Les maisons de ces groupes ont coûté 7.500 francs par maison. Un quatrième groupe comprend 10 maisons à deux logements et à deux pièces par logement avec un prix de revient de 5.000 francs. Un cinquième groupe comporte 26 maisons à deux logements et à trois pièces par logement avec un prix de revient de 75.000 francs. Le sixième groupe comporte 10 maisons doubles à quatre logements et à trois pièces par logement. Le prix d'une maison est de 12.500 francs. Il a été construit en résumé 54 maisons, dont le prix de revient s'est élevé à 428.000 francs.

Mesures destinées à assurer la bonne tenue des maisons. — La surveillance de ces logements est confiée à un gérant qui est chargé d'inspecter et de veiller à ce que toutes les pièces soient entretenues avec la plus grande propreté. Les mesures destinées à assurer la salubrité de ces logements, entraînent des frais qui sont à la charge de la Société. Les maisons les mieux tenues bénéficient d'une remise de loyer. Ces remises sont aussi accordées aux ouvriers qui se trouvent dans le besoin : elles se sont élevées pour les années 1907 et 1908 à des sommes s'élevant respectivement à 269 francs et 272 francs.

Prêts pour l'acquisition de maisons.

Des prêts d'argent sont consentis aux ouvriers pour leur permettre de construire sur des terrains leur appartenant, ou d'acheter des terrains pour la culture. Ces prêts et avances sont consentis à un intérêt de 3 o/o et remboursables par mensualités. Lorsqu'il s'agit de construction de maisons, la Société prend à sa charge les honoraires d'un architecte chargé par elle de vérifier les devis et de surveiller les travaux, afin d'en assurer la parfaite exécution.

De 1900 à 1908, il a été prêté plus de 352.000 francs de prêts à des ouvriers.

Acquisitions de maisons par le tirage au sort.

La Société a fait tirer au sort, entre les déposants de sommes à la Caisse d'épargne, une petite maison avec jardin d'une valeur de 5.000 francs. Elle a été attribuée en toute propriété à l'un d'eux. Des terrains ont été achetés en vue d'être accordés par tirage au sort aux titulaires de livrets à la Caisse d'épargne. Un premier tirage de mai 1908 a déjà fait bénéficier 4 ouvriers de lots de terrain de 7 ares pour chacun.

ACIÉRIES DE MICHEVILLE

La Société au capital de 16.000.000 possède à Micheville 6 hauts-fourneaux, 4 convertisseurs, 6 trains de laminoirs, des mines de fer d'une étendue de 2.707 hectares. Le nombre d'ouvriers occupés en 1909 était de 3.200.

Institution de prévoyance.

Une caisse de secours mutuels a été créée pour le cas de maladie, elle est alimentée par un versement des ouvriers de 0.868 o/o sur les salaires et un versement de la Société de 0.434 o/o et de dons divers.

En cas de maladie, les ouvriers reçoivent gratuitement les soins du médecin, les produits pharmaceutiques et une indemnité du 1/4 du salaire journalier ; la femme et les enfants reçoivent aussi les soins du médecin et les produits pharmaceutiques. La contribution de la Société s'est élevée à 34.569 fr. 10 en 1910.

Hôpital.

La Société a construit en 1900 un hôpital qui comprend un rez-de-chaussée et deux étages. Le rez-de-chaussée se compose en particulier de salles d'hydrothérapie, de massage, de bains. Le premier étage : une salle d'opérations, une salle d'anesthésie, une salle pour blessés, un laboratoire, les réfectoires, les salles de bains : le deuxième étage : les salles d'isolés, les salles de radiographie, les salles de bains, des salles pour lingerie et repasserie.

Logements.

La Société possède 937 logements d'employés et ouvriers dont 592 avec jardin. Construits selon l'hygiène, ils sont pourvus d'eau potable et d'un réseau d'égout pour les eaux ménagères. Ils sont loués à prix modérés et une réduction de prix est faite à titre gracieux aux ouvriers les plus méritants ayant plus de 10 ans de présence et le logement gratuit est accordé dans les mêmes conditions à ceux qui ont plus de 20 ans de service. Ces dons de la Société sous forme de réductions ou remises complètes de loyer se sont élevés à 56.294 francs en 1910.

Institutions concernant le bien-être moral.

Bibliothèque. — Une bibliothèque renfermant toutes les publications techniques, commerciales et diverses, est mise à la disposition des employés qui peuvent les lire dans une salle affectée à cet usage ou les emporter.

École ménagère. — Il a été créé en 1910 une école ménagère : l'enseignement en est gratuit, les fournitures et le personnel enseignant sont payés par la Société. Les dépenses annuelles de ce chef s'élèvent à 10.000 francs.

Rapports entre les salaires et les institutions patronales.

Le chiffre des salaires s'est élevé à 7.956.789 francs en 1910, les allocations diverses de la Société se sont élevées :

Pour la Caisse d'accidents, à 404.535 francs, soit 5,09 o/o des salaires.

Pour la Caisse de maladie, à 34.569 francs, soit 0,43 o/o des salaires.

Pour la Caisse de retraite des mineurs, à 32.080 francs, soit 0,41 o/o des salaires.

Pour les réductions ou remises de loyers, à 56.294 fr.. soit 0,70 o/o des salaires.

Pour l'Ecole ménagère, à 10.000 francs, soit 0,13 o/o des salaires.

Pour dons divers pour Sociétés, cours d'apprentissage, à 40.764 francs, soit 0,51 o/o des salaires.

Pour les frais d'hôpital, à 28.956 francs, soit 0,36 o/o : soit un total de 607.198 francs.

Soit 7,63 o/o des salaires, et 40,21 o/o par rapport aux dividendes.

MINES DE SAINT-PIERREMONT

Logements.

La Société a construit 54 maisons ouvrières comprenant 174 logements et deux cantines pouvant loger 96 ouvriers.

Société coopérative.

La Société a provoqué la formation d'une coopérative au capital de 10.000 francs.

Institutions morales.

Il a été participé à la construction d'écoles qui comprennent quatre classes de garçons et de filles de 50 élèves chacune. Il a été formé en outre une Société de préparation militaire et de tir.

Caisse de retraite.

Elle fonctionne conformément à la loi de 1894. La contribution patronale égale à celle de l'ouvrier, est de 2 o/o. La somme versée par la Société profite exclusivement au mari. Pour y avoir droit, il faut avoir opéré des versements jusqu'à 55 ans, et 60 si les versements ont été postérieurs à 55 ans, ou à quelqu'âge que ce soit s'il se trouve dans l'impossibilité de travailler.

Société de secours mutuels.

La contribution ouvrière est fixée tous les ans à 2 o/o ou 48 francs au maximum. La contribution patronale est de moitié.

Institutions d'épargne.

Il n'existe aucune institution d'épargne à la Société.

DE PRUINES ET Cie

Les usines exploitées aujourd'hui se composent :
1° des laminoirs de Semouse et de la Forge-Neuve. On
produit dans ces usines de la tôle fine et des fers-blancs
en feuilles et on y occupe 126 ouvriers ; 2° de la tréfilerie
du Blanc-Murger qui occupe 115 ouvriers ; 3° de la ma ·
nufacture de Plombières dans laquelle on fabrique des
outils. Elle occupe en tout 639 ouvriers. La durée du
travail y est de dix heures.

Institutions concernant le bien-être matériel.

Logements. — Une partie des ouvriers des trois usines habitent des logements appartenant à la Société,
les autres dans les campagnes environnantes. Les principaux ouvriers de Semouse et de Forge-Neuve sont
logés et chauffés gratuitement, ils ont en outre la jouissance d'un jardin. Ceux de Blanc-Murger ont un jardin
et sont logés gratuitement, mais ne sont pas chauffés.
A l'usine de Plombières, ils paient un loyer dont le
prix, y compris la jouissance d'un petit jardin, varie
suivant l'importance du logement de 4 fr. 50 à 10 francs
par mois. Les logements de 10 francs comprennent
4 pièces, une cave et un grenier.

Alimentation. — Un économat existait pour toutes
les usines. Les marchandises étaient vendues à un prix
inférieur à ceux du commerce. Les bénéfices. qui se

montaient à 6.000 francs en moyenne par an, étaient versés à la caisse de secours.

Caisse des familles nombreuses. — Dans les familles nombreuses qui ont plus de trois enfants, il y a un moment difficile à passer; c'est lorsque les enfants, encore trop jeunes pour travailler, sont entièrement à la charge de leurs parents. C'est pour y remédier qu'a été créée une caisse spéciale alimentée uniquement par les subventions patronales. Il n'y a pas de règle fixe : les secours sont attribués suivant le nombre des enfants et le besoin des familles. Tout enfant admis au bénéfice de la caisse reçoit 4 francs par mois, et sous peu 5 francs.

Institutions de prévoyance.

Maladie. — A. Mutuelle. — Il existe deux caisses de secours mutuels, l'une pour la manufacture de Plombières, l'autre pour les usines de Semouse, Forge-Neuve et Blanc-Murger.

Elles sont alimentées par une retenue de 1 1/2 0/0 sur les salaires, par une subvention de la Société égale à la contribution du personnel et par le produit des amendes. Elle est administrée par un conseil composé du gérant de la Société président, des contre-maîtres et d'ouvriers élus chaque 2 ans par leurs camarades. Ils reçoivent une allocation journalière égale à la moitié de leur salaire pendant le premier mois de maladie, les 2/5 pendant les deux mois qui suivent, le 1/4 du salaire pendant les trois derniers mois. La gra-

tuité des soins médicaux et pharmaceutiques leur est
en outre accordée à eux et à leur famille. Les frais
d'inhumation sont aussi payés par la caisse.

B. Caisse spéciale de secours. — Cette caisse est alimentée par une subvention de la Société de Pruines et
par les bénéfices de l'économat : les ouvriers n'y contribuent pas. Son but est de secourir les ouvriers malades depuis plus de six mois et qui n'ont plus droit aux
indemnités de maladie de la caisse de secours mutuels.
Les revenus de ces deux caisses sont entièrement dépensés chaque année. Il n'est pas fait de réserves.

Accidents. — La Société s'assure elle-même et ne
verse que les indemnités prévues par la loi qui représentent 1 o/o des salaires.

Vieillesse. — Des pensions sont accordées aux ouvriers
par la caisse de secours mutuels et par la caisse spéciale
de secours.

Avances aux ouvriers. — Il est fait aux ouvriers des
avances d'argent sans aucun intérêt dans des circonstances spéciales.

Institutions concernant le bien-être moral.

Il a été construit pour les enfants des usines de Semouse, Blanc-Murger et Forge-Neuve, peu distantes
les unes des autres, une école libre, propriété de la
Société et tenue par une institutrice rétribuée par la
Société. Il existe en outre une école ménagère. Mais
c'est un membre de la Société et non la Société de
Pruines qui en fait les frais.

Rapports entre les salaires, les dividendes
et les institutions patronales.

En 1908, ces sacrifices, non compris les primes
d'accidents, ni les frais d'école, ni les subventions sous
forme de logement et chauffage gratuits, se sont élevés
à 26.988 francs, soit 4,1 o/o par rapport aux salaires.
o,86 o/o du chiffre d'affaires, soit 42 fr. 20 par tête
d'ouvrier.

Influence des institutions patronales
sur les mœurs de l'ouvrier.

La moralité est relativement bonne, surtout dans
celles des usines situées loin des centres urbains. Certains ouvriers épargnent, c'est ainsi que 86 ouvriers
sont propriétaires de maisons et de propriétés rurales.
L'alcoolisme y est très développé à cause principalement du trop grand nombre de cabarets : à Plombières,
on compte 25 cafés et débits de boissons pour 1.882 habitants et 552 électeurs, soit un débit pour 75 habitants, et pour 22 électeurs. Le personnel est très stable :
il y avait en 1908, 129 ouvriers comptant plus de
30 ans de service. Les rapports entre le capital et le travail ont été bons : il n'y a jamais eu de grèves, ni de
tentative de grève à l'usine.

MINES DE FER DE LA MOURIÈRE (M.-et-M.)

Bien-être matériel.

Les employés sont logés, chauffés et éclairés gratuitement ; quant aux ouvriers, ils sont logés dans les maisons ouvrières très bien aménagées, appartenant à la Société de La Mourière, moyennant une faible rétribution.

Institutions de prévoyance.

A. Vieillesse. — La Société a une caisse qui fonctionne en vertu de la loi de 1894. Une retenue de 2 o/o est faite aux ouvriers sur leur salaire et l'exploitant verse une somme égale.

B. Maladie. — Les ouvriers et employés versent à la caisse de secours 2 o/o de leur salaire et l'exploitant 1 o/o. Cette caisse assure en cas de maladie : 1° les soins pharmaceutiques et médicaux à eux et à leur famille ; 2° une indemnité journalière de 1 fr. 25 aux participants, o fr. 5o aux femmes et o fr. 15 aux enfants et quelquefois aux ascendants ; 3° en cas de décès, la caisse participe aux frais funéraires jusqu'à concurrence de 5o francs ; 4° il peut être aussi accordé un secours de 1 franc par jour, en faveur de la femme et o fr. 5o par jour, au profit de chaque enfant de moins de 13 ans d'un sociétaire appelé sous les drapeaux.

SOCIÉTÉ DES MINES D'ANDERNY Chevillon.

Au capital de 10 millions et de création récente, la Société ne possède que les institutions de prévoyance légales.

FORGES ET ACIÉRIES DU NORD ET DE L'EST

Nature et importance de la Société.

Les établissements industriels de la Société forment deux groupes : le groupe de l'Est en Meurthe-et-Moselle qui comprend les concessions des mines de fer de Chavigny, Vandœuvre et Lavaux qui avoisinent Nancy, la mine de Pienne dans l'arrondissement de Briey ; le groupe du Nord qui comprend la Forge de Pont de Trith près de Valenciennes et les Forges, Aciéries et Laminoirs qui constituent le centre industriel dit du Poirier.

A la fin de 1908, la Société employait 4.000 ouvriers auxquels elle payait quatre millions de salaires et produisait 700.000 tonnes de minerai, 110.000 tonnes d'acier de tous profils ; 130.000 tonnes de fonte ; 17.000 tonnes de fer laminé et 20.000 tonnes de scories de déphosphoration. Lorsque les nouvelles installations de, Valenciennes seront terminées, cette production pourra être triplée. Quant aux usines de Jarville, elles occupent 600 ouvriers.

Caisse de secours.

En dehors de la caisse ordinaire de secours aux ouvriers malades, la Société a constitué par prélèvements annuels sur les bénéfices d'exploitation un fonds de secours qui s'élève annuellement à 545.000 francs.

Fonds Eugène.

Ce fonds, dont le montant était de 294.000 francs en 1909, est destiné à subventionner les différentes œuvres de la Société.

Société coopérative.

Il a été fondé une Société coopérative de consommation au capital de 200 actions de 500 francs. Sont aussi coopérateurs, tous les employés et ouvriers de l'usine du jour où ils s'approvisionnent à la coopérative. Il a été établi une succursale à Ludres. Le chiffre d'affaires est de 800.000 francs.

Allocations militaires.

Il est versé des subventions de 1 franc à 2 francs par jour aux ouvriers faisant leurs périodes d'exercices.

Institutions concernant le bien-être moral.

Ecole ménagère. — Créée sous les auspices de la Société coopérative, elle comptait 60 élèves en 1908.

École. — A Trith-Saint-Léger, la Société des Aciéries contribue aux frais d'agrandissement et a donné le terrain. Elle participe financièrement à la construction d'école à Joudreville et à Piennes. A Joudreville, elle verse des subventions pour le chauffage, etc.

Société de musique.

Elle a favorisé le développement d'une fanfare de 110 exécutants et a formé une société de gymnastique à Trith-Saint-Léger. Une salle des fêtes pouvant contenir 800 personnes y a été construite. A Piennes une bibliothèque y a été annexée. La Société a aussi formé une fanfare dans cette dernière usine.

Institution d'épargne.

Une société, en vue d'acheter des valeurs à lots et dont le capital et les intérêts sont partagés au prorata des versements, a été créée en avril 1884. Les versements sont uniformément fixés à 5 francs par mois et par livret.

A Jarville, les dépôts du personnel sont reçus à la caisse et rapportent un intérêt de 4 o/o. Il est porté tous les ans, au bilan, une somme à distribuer aux ouvriers suivant leurs années de services, leur âge et leur situation de famille. Cette allocation est versée en partie à la caisse d'épargne sur les livrets personnels des ouvriers.

Institutions de prévoyance.

Vieillesse. — Aucune organisation de retraites et aucune cotisation ouvrière n'existent à la Société. Des secours mensuels variables suivant leur situation sont accordés aux vieux ouvriers.

Maladie. — Une caisse de secours assure les services médicaux et pharmaceutiques pour les ouvriers et leurs familles, et paie les frais d'hôpital s'il y a lieu. Elle distribue de plus aux malades une allocation journalière égale à 40 o/o du salaire.

Cette caisse est alimentée par une contribution ouvrière égale à 1 1/2 o/o du chiffre des salaires, et pour le surplus, par une contribution patronale variant selon les besoins, mais égale à environ 1 o/o.

Institutions concernant le bien-être matériel. — Logements.

La Société possède des logements à Chavigny dans les environs de la mine, à Jarville, à Joudreville pour la mine de Piennes. La Société a construit une cité ouvrière près de Valenciennes comprenant 175 habitations.

Cette cité comprend trois sortes d'habitations : logements d'ouvriers, logement de chef de fabrication, maisons d'ingénieurs.

A Piennes, les cités de la Mine forment deux groupes, celui de Joudreville avec 97 maisons pour ouvriers et

employés, celui de Piennes comprend 63 maisons ouvrières. En outre 40 maisons sont en construction. Le
nombre total en sera de 200 en 1909. Près des cités de
Joudreville, la Société a acheté un terrain pour parc
d'agrément. A Jarville, 10 maisons ont été construites
à l'intérieur de l'usine. Les ouvriers les occupant, y sont
logés gratuitement.

SOCIÉTÉ DES HAUTS-FOURNEAUX
DE MAXÉVILLE

La Société occupe environ 450 ouvriers et paie
800.000 francs de salaires.

Institutions concernant le bien-être matériel.

Il a été construit récemment pour les ouvriers un bâ
timent comprenant 18 logements avec dépendances et
jardins, complètement indépendants les uns des autres
et ayant chacun leur entrée particulière. 21 autres logements sont occupés par des employés et ouvriers dans
d'autres immeubles appartenant à la Société.

Une trentaine de ménages sont en outre logés dans
des cités appartenant à une Société voisine. La Société
de Maxéville servant d'intermédiaire entre la Société
propriétaire et l'ouvrier pour le paiement du loyer.
celle-ci se contente d'un loyer réduit en considération
de cette garantie de paiement.

Institutions concernant le bien-être moral.

Depuis plus de trente ans, une chapelle a été construite à l'usine de sorte que les ouvriers qui y sont occupés peuvent faire leurs devoirs religieux. Un aumônier rétribué par la Société est affecté à l'établissement.

Institutions de prévoyance.

Il existe en exécution de la loi de 1894 une caisse de secours mutuels et de retraites des ouvriers mineurs. Pour les autres ouvriers, la Société est affiliée à la Caisse patronale de retraite en faveur des ouvriers des Forges de France : aucune retenue n'est faite sur leurs salaires.

Pour toute maladie contractée pendant le travail et entraînant un chômage de plus de 4 jours, l'ouvrier reçoit, outre les soins du médecin et les médicaments, un secours journalier, qui peut être continué pendant 90 jours.

Quant aux accidents de travail, la Société paie aux ouvriers qui en sont victimes une indemnité de demi-salaire à partir du lendemain du jour de l'accident, alors que la loi ne l'impose qu'à partir du cinquième, quand l'incapacité a duré plus de 4 jours et moins de 10. Un secours mensuel est aussi accordé aux vieux ouvriers qui sont incapables de travailler.

MINE DE MOUTIERS

La concession a été instituée le 11 août 1884. Sa superficie est de 696 hectares. Elle est située sur les territoires de Moutiers, de Briey, d'Homécourt et d'Auboué. Il a été extrait de 1903 à 1908 : 2.603.482 tonnes de minerai, en 1909 : 759.508 et en 1910 : 780.000 tonnes environ. Elle renferme environ 80.000.000 de tonnes de minerais exploitables. La production est assurée par un effectif moyen de 690 personnes dont 33 employés.

Le salaire journalier des aides ou manœuvres varie entre 4 fr. 50 et 6 francs, le salaire des autres ouvriers entre 3 fr. 50 et 7 fr. 50. La paie ayant lieu tous les quinze jours, les avances en argent sont très rares.

Habitations ouvrières .

Les quatre cinquièmes environ des ouvriers sont logés dans des maisons appartenant à la Société.

Chaque logement est composé de 2, 3 ou 4 pièces, plus une chambre mansardée, cave, grenier et petit jardin.

Le prix de base du loyer est de 4 francs par pièce et par mois. Une réduction de 0 fr. 50 par pièce est faite aux anciens ouvriers chaque deux ans jusqu'au maximum de quatre périodes de deux ans, de sorte qu'un ouvrier ayant 8 ans de présence ne paie plus que 2 francs par pièce.

Mesures destinées à assurer le bon entretien des maisons. — Des visites inopinées ont lieu fréquemment. Des primes à la propreté sont accordées à ceux dont les logements sont les mieux tenus ; la même mesure est prise à l'égard des jardins.

Caisse de maladie.

Elle fonctionne conformément à la loi du 29 juin 1894. Le taux des versements est fixé à 1.50 o/o du salaire et la Mine verse de son côté 0,75 o/o. Les sociétaires ont droit en cas de maladie aux frais médicaux et pharmaceutiques gratuits et à une indemnité équivalant à 1 fr. 50 par jour au minimum. ou au quart du salaire moyen journalier.

Les femmes et enfants des sociétaires ont droit aux frais médicaux gratuits et à une remise de 50 o/o sur le prix des médicaments. Les femmes des sociétaires reçoivent en cas d'accouchement une indemnité de 12 francs. Les soins médicaux sont, en outre du docteur. assurés par trois infirmières dont une sage-femme.

Pour les accidents, elle est assurée à la Caisse syndicale des Forges de France.

Mesures destinées à enrayer les progrès de la mortalité infantile.

Il a été créé, pour arrêter la mortalité infantile, une prime de 20 francs versés aux parents dont le nouveau-né a atteint l'âge d'un an.

Caisse de retraite.

Celle-ci fonctionne conformément à la loi.

Institution d'épargne.

Pour faciliter l'épargne, on accepte à la comptabilité de l'usine, les versements destinés à la caisse d'épargne de Briey.

Coopérative.

Il n'existe aucune société coopérative.

Institutions concernant le bien-être moral.

On a construit un vaste bâtiment pour garderie et école ménagère. Dans la première sont admis les enfants des deux sexes de deux à six ans. Deux maîtresses y sont occupées et gardent une centaine d'enfants environ. L'école ménagère est fréquentée par une vingtaine d'élèves.

Il existe dans la Mine une école d'apprentissage. Tous ceux qui sont embauchés, sont placés sous la direction d'un chef mineur, qui est chargé de leur enseigner leur profession.

Il a été formé une société de musique, la Société a aussi un cinématographe. On donne en outre des fêtes avec distribution de jouets aux enfants trois ou quatre fois par an environ.

Stabilité du personnel.

Les quatre cinquièmes du personnel sont stables. La

moyenne mensuelle des embauchages varie entre
120 et 150. Par contre, on enregistre dans le même
temps un nombre égal de départs. Les relations entre
patrons et ouvriers ont toujours été empreintes de la
plus grande cordialité.

SOCIÉTÉ DES FORGES ET ACIÉRIES
DE COMMERCY

Nature et importance de l'industrie.

Elle comprend une aciérie Martin, des trains de laminoirs, une maréchalerie, une tréfilerie, une pointerie et une clouterie à Commercy et une fabrique de
grillage mécanique et de ronce artificielle à Saint-Jean-
de-Losne (Côte-d'Or). Elle s'est transformée en 1899 en
Société par actions et son capital a été porté en 1905 à
1.800.000 francs. L'aciérie Martin-Siemens produit annuellement environ 17.000 tonnes de lingots, qui sont
destinés à être transformés ou dénaturés à l'usine elle-
même. La maréchalerie produit par an 4.000 tonnes de
fer à cheval mécanique. Les ateliers de tréfilerie comprennent 250 bobines et produisent annuellement
12.000 tonnes de fils. Ceux de pointerie et de clouterie.
90 métiers avec une production annuelle de 2.500 tonnes de pointes et clous.

Institutions concernant le bien-être matériel.

Logements. — La Société accorde, sous forme de primes, des subventions en argent pour indemnité de loyer et loge gratuitement un certain nombre d'ouvriers. Elle doit construire sous peu des maisons destinées à contenir 60 ménages ouvriers. Des jardins sont mis à la disposition des ouvriers ayant à l'usine un certain nombre d'années de service.

Institutions de prévoyance.

Maladie. — En cas de chômage ou de maladie prolongée, des secours en argent et en nature sont accordés par la Société aux ouvriers. Les médicaments sont donnés gratuitement à l'ouvrier et à sa famille. Il en est de même des soins donnés aux femmes en couches. Au décès, la Société prend à sa charge les frais d'inhumation et ceux des membres de la famille qui sont nécessiteux. Il existe en outre une caisse de secours, qui fonctionne au moyen d'un prélèvement de 2,50 o/o sur les salaires et des subventions de la Société.

Vieillesse. — Une retraite est assurée aux ouvriers au moyen des versements exclusifs de la Société à la Caisse patronale de retraites en faveur des ouvriers des Forges de France. Elle peut s'élever à 360 francs à l'âge de 60 ans avec 36 années de services, dans les usines affiliées à la Caisse patronale. La médaille d'honneur décernée aux anciens ouvriers ayant trente années de services donne droit en outre à une allocation de 100 francs, qui vient s'ajouter à la retraite ou au salaire.

Assistance. — La moyenne des avances faites aux ouvriers nécessiteux varie de 3.000 à 4.000 francs par an. Des secours sont aussi accordés aux ouvriers chargés de famille.

Rapports entre les salaires, les dividendes et les institutions patronales.

Le chiffre des salaires s'élève à 890.000 francs environ par an ; il faut y ajouter la participation de 10 o/o aux bénéfices. Le chiffre des institutions patronales s'est élevé pour 1907-08 à 31.992 francs, non compris les sommes pour assurance-accidents. La proportion par rapport aux salaires est de 3,60 o/o, de 13,67 o/o par rapport aux dividendes et de 0,70 o/o par rapport au chiffre d'affaires.

Influence des institutions patronales sur la stabilité du personnel.

Ceux ayant de 10 à 20 ans de services représentent une proportion de 16,8 o/o, ceux de 21 à 30 ans une proportion de 6,5 o/o et ceux ayant trente années et plus, une proportion de 3,3 o/o.

LA PROVIDENCE (Rehon)

Maladie.

Les ouvriers versent 1,50 o/o de leur salaire par mois pour constituer une caisse de secours qui sert à payer les frais de maladie. Quand les ressources de cette caisse sont insuffisantes, l'industriel paie le surplus.

Femmes et enfants. — Les soins médicaux (consultations et visites) sont payés par la Caisse de secours, mais les médicaments sont à la charge de l'ouvrier.

SOCIÉTÉ ANONYME MÉTALLURGIQUE D'AUBRIVES ET VILLERUPT

La Société comprend deux établissements, l'un à Aubrives (Ardennes), l'autre à Villerupt (M.-et-Moselle) ; les salaires se sont élevés en 1909 à deux millions.

Institutions d'Aubrives.

Il n'existe pas de caisse de secours, mais la Société subventionne une Mutuelle à laquelle elle verse une somme annuelle de 340 francs.

Institutions morales.

Un cercle a été construit. Les frais, le cinématographe y compris, se sont élevés à 20.000 francs. Il existe aussi une société de musique.

Atelier d'apprentissage. — Installé dans l'usine, il permet aux ouvriers de s'initier dans le métier qu'ils ont choisi, tout en étant rémunérés.

Logement. — La Société a commencé en 1910 la construction de logements : 20 sont déjà occupés.

Etablissements de Villerupt.

Habitations ouvrières. Nombre et prix des logements. — La Société a construit 240 logements qui sont tous occupés par une grande partie du personnel. Le montant du loyer varie de 12 à 20 francs par mois, alors que dans le pays des logements bien moins confortables se louent le double.

D'autre part, tout ouvrier, ayant moins de 7 années de présence, touche une indemnité mensuelle de loyer de 6 francs pour les célibataires et 12 francs pour les hommes mariés.

Caisse de secours des ouvriers mineurs. — Cette caisse est alimentée par une retenue de 1 o/o sur le salaire de l'ouvrier et la Société verse une somme égale à la moitié de la retenue faite au personnel. Ces ressources assurent la gratuité des frais pharmaceutiques et médicaux et permettent d'accorder des indemnités journalières de maladie égales à la moitié du salaire d'une journée avec 2 fr. 50 au maximum. Cette caisse supporte en outre les frais d'hôpital ainsi que les frais funéraires et verse des secours en argent et en nature aux ouvriers éprouvés. Elle est obligatoire en vertu de la loi de 1894, mais la Société y a apporté des améliorations.

Caisse de secours des ouvriers de l'usine. — La retenue opérée sur le salaire est de 0, 60 0/0, la Société y ajoute une subvention au moins égale. Cette caisse accorde à ses participants et à leurs familles les mêmes avantages que la caisse de secours mine, avec cette différence que l'indemnité journalière en cas de maladie n'est égale qu'au quart du gain de la journée avec 1 fr.50 au maximum.

Retraites. — La Société a accordé à quelques ouvriers une retraite annuelle de 250 francs, sans que cette mesure soit un droit pour tous. Il est question de l'étendre à tous.

Apprentissage. — Des cours pour apprentis ont été installés avec le concours d'industriels de la région.

Institutions concernant le bien-être moral.

Aucune institution morale n'existe à la Société de Villerupt, mais des subventions sont accordées aux Sociétés de musique, de tir, de gymnastique, de protection mutuelle, Sociétés de Vétérans, Amicale d'anciens élèves, etc. . . Cette dernière possède une bibliothèque.

La Société a contribué financièrement à la construction d'écoles et fournit gratuitement une partie du chauffage à celles-ci, ainsi qu'aux différentes écoles de Villerupt et de Thil.

Rapports entre les institutions patronales et les salaires.

Il a été versé en 1910, pour les œuvres ci-dessus, la somme de 17.350 francs, ce qui représente 15,5 o/o des dividendes. La Société a assumé pendant plusieurs années les mêmes charges sans distribuer de dividendes.

Quant aux salaires, ils se sont élevés pour 1910 à deux millions de francs.

SOCIÉTÉ DE WENDEL ET Cie

Nature et importance de l'usine.

L'Usine de Jœuf comprenait en 1909, six hauts-fourneaux en activité avec une capacité totale de production de 800 tonnes par jour environ. Il a été produit en 1907 : 281.000 tonnes de fonte. Elle a en outre une aciérie donnant de 750 à 800 tonnes d'acier par jour. Sa concession à Jœuf est de 1.312 hectares. La Société occupe 20.387 ouvriers, dont 2.407 pour les usines de Jœuf.

Institutions concernant le bien-être matériel.

Le logement. — La Société a dépensé pour ses différents établissements, pour ses logements une moyenne annuelle de 600.000 francs. Le type de maison généralement adopté comporte quatre pièces, une petite étable et un jardin : ils sont loués à 20 francs par mois pour ceux à quatre pièces, 15 francs environ pour ceux à trois pièces. Il peut être ainsi logé 2.500 familles, tant dans les établissements français qu'allemands (1).

Chaque logement a son entrée indépendante et il est interdit à l'ouvrier d'avoir des locataires.

La rémunération du capital immobilisé par ces logements est de 2 o/o.

Prêts pour la construction de maisons. — La Société fait aux ouvriers qui ont déjà certaines économies des avances hypothécaires au taux de 4 o/o dans le but de construire des maisons.

L'importance des avances ainsi faites s'élève à 500.000 francs.

Cantines. — Les forges d'Hayange et de Jœuf possèdent des cantines qui assurent la pension aux célibataires ou à ceux habitant trop loin de l'usine. Moyennant 1 fr. 10 par jour, ils ont droit au logement et à trois repas par jour. Il en résulte que la cantine de Jœuf a eu en 1908 un déficit de 4.000 francs. Le nombre des ouvriers logés dans les cantines varie de 700 à 800 pendant l'été, et à plus de 1.500 en hiver.

La Société a en outre provoqué la formation d'une laiterie coopérative.

Retraites vieillesse. — La Société est affiliée à la Caisse patronale des retraites mutuelles dépendant du Comité des Forges de France. La Caisse fonctionnait primitive-

(1) *Monographie d'un établissement métallurgique sis à la fois en France et en Allemagne*, par H. Grandet. Thèse Paris, 1909.

ment de la façon suivante : le chiffre des retraites variait de 60 à 180 francs, suivant le nombre des versements trimestriels effectués par le patron. Pour chaque versement trimestriel de 5 francs, il était alloué une pension de 1 fr. 25 aux ouvriers ayant 60 ans d'âge, ou seulement 55 s'ils étaient affligés d'une incapacité absolue de travail. Comme les versements trimestriels se faisaient de 24 à 60 ans, leur nombre maximum pouvait atteindre $(60 - 24)\, 4 = 144$, ce qui portait la pension à 144×1 fr. $25 = 180$ francs. Il n'était pas accordé de retraite aux ouvriers qui n'auraient pas été l'objet de 48 versements au moins, leur donnant droit à 60 francs de retraite. A titre exceptionnel le maximum de la pension était porté à 200 francs, en faveur des ouvriers ayant travaillé 36 ans chez le même patron.

La loi de 27 décembre 1895, relative aux conditions d'existence des caisses patronales et à l'emploi de leur fonds de réserve d'une part, la baisse du taux de l'intérêt d'autre part, obligèrent les membres de la Caisse patronale à modifier leurs statuts et notamment le taux de leurs cotisations de manière à maintenir invariable celui de la retraite. Seul fut supprimé le supplément de 20 francs aux ouvriers ayant toujours travaillé dans la même maison. Les ouvriers furent divisés en six catégories d'âge, de 24 à 30, de 30 à 36, de 36 à 42, de 42 à 48, de 48 à 54, de 54 à 60. Les versements trimestriels, au lieu de rester uniformément de 5 francs, varièrent avec les catégories et furent fixés respectivement pour chacune d'elles à 3 fr. 25, 4 fr. 75, 5 fr. 50, 6 fr. 75, 9 fr. et 12 fr. 25.

La Société de Wendel a versé à la Caisse syndicale en 1900 : 8.018 francs, en 1905 : 9.695 francs, en 1907 : 8.391 francs. Elle n'est pas soumise pour le plus grand nombre de ses ouvriers à la loi de 1894 : elle n'occupe en effet que 200 mineurs pour l'extraction du minerai. Elle verse de ce chef pour les retraites 2 o/o du salaire, c'est-à-dire en 1907, 8.300 francs sur un total de 415.000 francs de salaires.

Maladie. — Il a été organisé à Jœuf une caisse de secours mutuels, différente de celle des établissements allemands en ce que les contributions ouvrières forment ses seules ressources, alors qu'en Allemagne ils y contribuent pour un tiers. La Société s'est abstenue d'y contribuer, parce que la loi française ne permettait pas aux patrons d'être représentés proportionnellement à leur cotisation. La Société ne fait alors que payer les deux tiers des médicaments et fournir gratuitement les services des médecins de l'usine. Les médicaments sont fournis ainsi aux ouvriers et à leur famille : ils se sont élevés à 21.073 francs en 1907, soit 11 fr. 28 par tête d'ouvrier. Les retenues opérées sur le salaire au profit de la caisse de secours s'élèvent à 3o francs par ouvrier en moyenne. En 1907 les versements ouvriers se sont élevés à 57.360 francs pour 1.876 membres. Les recettes se sont élevées à 90.376 francs contre 73 874 francs de dépenses.

A côté de la Caisse des Forges, fonctionne la caisse des mineurs en vertu de la loi de 1894. Elle est alimentée 1/3 par le patron, et 2/3 par les ouvriers. De plus la Société met gratuitement ses médecins au service de la caisse. Il a été construit de plus, un hôpital pouvant contenir 24 lits et coûtant 20.000 francs.

Accidents. — La Société est affiliée à la Caisse syndicale du Comité des Forges de France.

Institutions concernant le bien-être moral.

La Société a participé aux frais des écoles et du culte. Elle a construit des écoles pour filles et garçons. Le budget s'élevait de ce chef à 70.000 francs.

Les charges se sont élevées pour la Caisse des retraites patronales de 57.616 francs en 1900, à 103.797 francs en 1907, pour les pensions et secours de 9.249 francs à 25.763 francs. Pour les cultes, écoles, service médical, de 53.213 francs à 113.621 francs pour les mêmes années.

La tonne de minerai est grevée de 0,004 pour les retraites et de 0,018 pour la Caisse de secours mutuels. Le chiffre des salaires s'est élevé à 35 millions pour la totalité des établissements tant en France qu'en Allemagne.

Institutions d'épargne.

La Société reçoit dans ses caisses les dépôts des ouvriers auxquels elle sert un intérêt de 4 o/o. Le maximum des dépôts est fixé à 16.000 marks pour les employés et 5.000 marks pour les ouvriers.

COMPAGNIE DES FORGES ET ACIÉRIES DE LA MARINE ET D'HOMÉCOURT (1)

Maladie. — Les consultations médicales sont gratuites et les maladies vénériennes sont exclues. Un hôpital a été construit.

Vieillesse. — Il n'existe aucune organisation de retraites pour la vieillesse.

Logements. — Trois groupes de maisons ont été construits et pouvant loger 500 ménages environ. Le nombre de pièces est de trois ou quatre par logement. Le loyer est de 15 francs par mois pour trois pièces, de 20 francs pour quatre pièces.

HAUTS FOURNEAUX ET ACIÉRIES DE POMPEY

Maladie. — Il a été formé une Société de secours mutuels ; elle est alimentée par une retenue sur le salaire de l'ouvrier qui s'élève à 2 o/o, et par la cotisation patronale qui est de 1 o/o. Elle assure à ses membres les soins médicaux et pharmaceutiques et un secours en cas de maladie.

Vieillesse. — La caisse de retraites est alimentée par

(1) Les autres renseignements nous manquent.

un fonds de 200.000 francs créé en 1873 à cet effet, par l'intérêt à 5 o/o du capital et par des legs qui s'élèvent à 15.000 francs par an environ.

Le chiffre des pensions est de la moitié du traitement pour les traitements inférieurs à 2.000 francs, et ne peut être inférieur à 300 francs.

Il faut pour avoir droit à la retraite, avoir 25 ans de services et 50 ans d'âge. Lorsque le titulaire a 20 ans de services et 40 ans d'âge, la pension moyenne est de 100 francs, mais elle peut atteindre 125 et 150 francs.

Logements. — Il est loué gratuitement 203 logements aux ouvriers. La Société en loue en outre à Pompey 27 à 12 francs par mois. A Ludres 45 sont habités gratuitement.

Stabilité du personnel. — Le nombre des ouvriers ayant de 30 à 40 ans de service a été de 80 en 1908, de 20 à 30 ans : 93, de 10 à 20 ans : 207.

SOCIÉTÉ ANONYME DES MINES DE SEXEY

Institutions de prévoyance.

Vieillesse. — Les ouvriers bénéficient de la loi de juin 1894.

Maladie. — La Société de secours mutuels verse en particulier une indemnité de 2 francs à l'ouvrier malade.

Institutions concernant le bien-être matériel et moral.

Aucune institution de ce genre n'existe à la Société : il n'y a ni cité ouvrière, ni école, ni institution d'épargne.

SOCIÉTÉ ANONYME DES HAUTS FOURNEAUX ET FORGES DE VILLERUPT-LAVAL-DIEU

Institutions de prévoyance.

Il existait autrefois une caisse de secours, mais elle a été supprimée sur la demande des ouvriers.

Il existait un économat.

Institutions concernant le bien-être matériel.

Il existe des cités ouvrières louées à des prix réduits aux ouvriers.

SOCIÉTÉ ANONYME DES HAUTS FOURNEAUX DE LA CHIERS

Institutions de prévoyance.

Il a été formé une Société de secours mutuels qui alloue aux ouvriers une indemnité journalière en cas de maladie et prend à sa charge les soins médicaux et pharmaceutiques des ouvriers et de leur famille.

Elle accorde en outre des secours extraordinaires.

Institutions concernant le bien-être matériel.

Logement. — La Société loue aux ouvriers à des prix très réduits les maisons qu'elle a construites ; de plus le loyer est décroissant d'après les années de service.

Par sa participation à la Société des habitations à bon marché, elle a mis à la disposition des ouvriers des maisons qui leur sont louées avec promesse de vente et avec de grandes facilités d'achat.

SOCIÉTÉ F. DE SAINTIGNON

La Société possède des hauts fourneaux et une fabrique de briques. Les usines de Longwy-Bas occupent 400 ouvriers environ, celles de Sauvage en Luxembourg en occupe un plus grand nombre.

Vieillesse. — La Société est affiliée à la Caisse patronale en faveur des ouvriers des Forges de France, dont les statuts ont déjà été étudiés pour la Société des Aciéries de Longwy. Les ouvriers qui arrivent à obtenir 180 francs reçoivent en plus 20 francs de la Société.

Logement. — De nombreuses maisons à 2, 3, 4, 5 pièces ont été construites par la Société. Le montant du loyer en est bien moins élevé qu'en ville, 1/3 en moins environ.

Maladie. — Il existe deux caisses de secours mutuels pour les usines de Sauvage et de Longwy-Bas. La contribution de la Société est de 50 o/o. L'ouvrier se trouve ainsi bénéficier de la gratuité des soins médicaux et pharmaceutiques. Il existe deux infirmeries dont l'une à Longwy est dotée d'une installation de radiographie.

Primes d'ancienneté. — Il est donné tous les ans aux anciens ouvriers une gratification donnée après un minimum de trois années de service et variable avec les années de présence de l'ouvrier.

Bien-être moral.

La Société a construit une église à Sauvage, elle subventionne des sociétés de musique et les œuvres scolaires de la région. Les rapports avec le personnel ont un caractère patriarcal très marqué.

CHAPITRE III

TRANSPORTS

—

COMPAGNIE DE CHEMINS DES FER DE L'EST

Fondée en 1845, elle compte 5.004 kilomètres en exploitation et occupe un personnel de 47.000 agents

Le logement.

La Compagnie accorde aux agents qui habitent dans les localités où la vie est chère, une majoration de traitement ou une allocation de résidence.

La dépense de ce chef s'est élevée en 1908 à 127. 760 francs.

Elle assure en outre un logement gratuit à plus de 3.400 agents, qui pour la plupart jouissent de la gratuité du chauffage et de l'éclairage.

La valeur locative du logement entre dans le calcul de la retraite de tous ces agents, pour un chiffre fixé à 10 o/o du traitement fixe annuel et dont le total équivaut à 600.000 francs.

Des cités ouvrières ont été construites à Romilly (Aube), Chalindrey et Conflans. Le loyer a été réduit au taux de 2,9 o/o du capital dépensé.

Autres mesures destinées à diminuer le prix de la vie.

Outre les allocations de résidence, la Compagnie avait augmenté le traitement des agents résidant à Nancy et Jarville d'une valeur de 10 o/o pendant la durée de l'Exposition de Nancy et de 5 o/o pour ceux de Champigneulles. Les dépenses se sont élevées de ce chef à 516. 984 francs.

Allocation mensuelle aux agents chargés de famille.

A ceux dont le traitement annuel ne dépasse pas 2. 000 francs et qui ont trois enfants âgés de moins de 18 ans, la Compagnie verse une allocation de 4 francs par mois avec un supplément de 3 francs pour chaque enfant en plus.

Le montant de ces allocations en 1908 a été de 325.034 francs.

Contribution à l'habillement du personnel

La Compagnie prend à sa charge un tiers environ du prix des uniformes tenus par ses agents. La dépense s'est élevée de ce chef en 1908 à une charge de 355.731 francs.

Maladie.

La Compagnie a institué, dès 1849, un service médical divisé en 201 circonscriptions régionales desservies par autant de médecins.

Le service médical a pour mission :

1° d'examiner les candidats à un emploi dans le personnel ;

2° de donner des soins gratuits aussi bien à domicile que dans les locaux de la Compagnie, à tous les agents commissionnés ou en régie ;

3° de leur assurer la fourniture gratuite de tous les médicaments ;

4° de prévenir autant que possible les accidents et affections auxquels le personnel peut se trouver exposé.

La famille de l'agent ne bénéficie pas de tous ces avantages.

En sont exclus ceux qui ont contracté une maladie due à des rixes ou à l'ivresse. Outre les soins normaux, ils peuvent être autorisés, en cas de besoin, à suivre aux frais de la Compagnie des cures d'hydrothérapie.

Seuls les frais d'hospitalisation peuvent être laissés au compte de l'agent en régie lorsqu'il n'a pas de charges de famille et que sa maladie n'est pas imputable au service.

Depuis plus de vingt ans, il a été organisé un service gratuit et permanent de vaccination et de revaccination pour les agents, leurs femmes et leurs enfants.

Les agents sont obligés d'y avoir recours.

La Compagnie a aussi institué, il y a dix-neuf ans, un service gratuit d'examen bactériologique et microbiologique des eaux destinées à la consommation de ses agents. Si elles sont insalubres, elle exécute à ses frais les travaux nécessaires pour y remédier.

Des conférences sont faites contre l'alcoolisme. Pour enrayer la tuberculose, elle a créé des lits dans les Sanatoria de Bligny, près de Paris, et de Lay-Saint-Christophe près de Nancy, et a assuré aux enfants de ses agents des conditions exceptionnelles de prix et de traitement dans l'Etablissement de la Société de San-Salvadour, à Hyères (Var).

Salaires de maladie.

Maladie hors service. — En cas de maladie non occasionnée par le service, il faut distinguer entre deux catégories d'agents : les souscripteurs à la caisse de prévoyance, ont droit dès le début de la maladie au paiement intégral de leur traitement pendant deux mois et huit jours, la première semaine est à la charge exclusive de la Compagnie et le reste du temps incombe, moitié à la Compagnie et moitié à la caisse de prévoyance. La solde entière peut être maintenue par décisions mensuelles, jusqu'au delà de six mois qui peuvent être eux-mêmes suivis de six autres mois de demi-solde ; ce régime se prolonge ainsi le plus souvent jusqu'à la guérison de l'agent, à son décès ou à son admission à la retraite.

Enfin, lorsque les circonstances obligent la Compagnie à rayer des cadres, pour raison de santé, un agent auquel le règlement ne permet pas d'accorder une pension, celui-ci a droit au remboursement de toutes les retenues, qu'il a subies pour la Caisse de prévoyance depuis le début de sa carrière, et au paiement de la somme représentant la subvention de la Compagnie.

Pour les agents non souscripteurs à la Caisse de prévoyance et comptant au moins 6 mois de service, la maladie hors service ne donne droit sauf exception, qu'au paiement du demi-salaire pendant 15 jours, à dater du début de l'incapacité du travail.

Maladie en service. — En cas de maladie contractée pendant le service, quel que puisse être leur temps de service et sauf de rares exceptions, tous reçoivent, au compte exclusif de la Compagnie, soit à leur domicile, soit à l'hôpital, suivant leurs préférences, l'intégralité de leur salaire jusqu'à concurrence des trois premiers mois de maladie. Au-delà de ce terme, il est statué par décisions périodiques, sur la continuation de ce régime, qui est souvent maintenu jusqu'à la guérison de l'agent ou à la liquidation définitive de sa situation.

Frais d'inhumation et secours au décès. — En cas de mort d'un de ses souscripteurs par suite d'une maladie hors service, la Caisse de prévoyance prend à sa charge, au moins jusqu'à concurrence de la valeur d'un mois de traitement, les frais d'inhumation de l'agent décédé ; il est en outre alloué à la veuve ou aux orphelins dans le plus bref délai, et sans préjudice des versements supplémentaires qui peuvent leur être dus ou consentis par la Compagnie, une somme égale à quatre mois

du traitement du défunt, dont la charge est répartie
par moitié entre la Caisse de prévoyance et la Compagnie.

Dans les mêmes conditions, le décès des agents non
souscripteurs à la Caisse de prévoyance, ne peut donner
lieu qu'à des secours facultatifs de la Compagnie.

Quant au cas de mort par suite de maladie en service,
qu'il s'agisse d'agents souscripteurs ou non souscripteurs à la Caisse de prévoyance, c'est la Compagnie
seule qui intervient pour supporter les frais d'inhumation et pour payer à la veuve ou aux orphelins souvent
même au père ou à la mère de l'agent, en dehors des
remboursements réglementaires qui peuvent être dus,
un secours versé une fois pour toutes, ou un secours
indéfiniment renouvelable, ou une pension viagère
suivant les circonstances.

Résumé des dépenses de maladie. — En réunissant les
dépenses du service médical et de ses accessoires : médicaments, bains, saisons d'eau, mesures d'hygiène,
ainsi que le montant des salaires ou demi-salaires de
maladie et des frais d'inhumation, on trouve en face
d'un personnel de 46.901 agents, une dépense totale de
2.722.188 francs.

Les accidents du travail.

Depuis 1849, les agents blessés ont toujours reçu,
même dans la plupart des cas où leur responsabilité
n'était nullement engagée, les soins du service médical

et tous les accessoires du traitement, médicaments, soins hospitaliers, etc.

De même, ils ont toujours reçu, sauf exception, leur traitement ou salaire intégral jusqu'à la guérison ou la liquidation définitive de leur situation.

Malgré la loi de 1898 sur les accidents du travail, qui l'obligeait seulement au paiement du demi-salaire, elle a maintenu l'application facultative de ses anciennes règles, plus favorables que la loi nouvelle aux intérêts de l'ouvrier.

Elle s'abstient aussi d'invoquer dans la plupart des cas, la disposition restrictive de la loi qui limite à 100 francs le maximum des frais funéraires.

Pour le cas d'incapacité permanente ou au cas de décès de l'ouvrier blessé, la Compagnie avait institué depuis plus de 50 ans des pensions servies aux victimes, soit sous forme de secours annuels indéfiniment renouvelables, soit sous forme de rentes viagères, qui pour les veuves présentaient l'avantage de ne pouvoir être supprimées en cas de nouveau mariage, comme le prescrit la loi actuelle.

Enfin depuis 1892, la Compagnie prélevait sur ses recettes d'exploitation, le capital des rentes viagères à servir aux ouvriers victimes d'accidents du travail.

D'autre part, contrairement à la jurisprudence de la Cour de cassation qui n'admet le cumul qu'en faveur des agents ayant droit à la retraite normale, elle ajoute à la rente allouée en vertu de la loi sur les accidents du travail, une pension de retraite proportionnelle, en faveur de tout agent qui a reçu dans l'exercice de ses fonctions soit une blessure entraînant l'incapacité de travail absolue, soit encore une blessure légère si l'intéressé a déjà accompli au moins quinze ans de service commissionné.

Allocation d'accouchement.

La Compagnie verse une somme de 5o francs aux femmes accouchées. Elle a versé en 1908 des allocations s'élevant à 122.600 francs. Elles ne sont versées qu'aux agents dont le traitement est inférieur à 2.000 francs.

Distributions de boissons hygiéniques.

Des boissons hygiéniques, dont tout élément alcoolique est exclu, sont distribuées pendant les chaleurs et les grands froids. Les dépenses de ce chef se sont élevées en 1908 à 53.583 francs.

Fourniture de combustible.

Une fourniture de houille fixée au maximum à 1.500 kilogs est accordée à tout agent chargé de famille et facturée au prix de revient des marchés en gros passés par la Compagnie.

Réduction de prix dans les Buffets.

Ils ont droit à une réduction de 25 o/o du tarif des articles d'alimentation mis à la disposition des voyageurs.

Secours pécuniaires aux agents dans l'embarras.

Les sommes de ce chef se sont élevées en 1908, à 156.254 francs sur lesquels 93.540 francs au compte de la Caisse de prévoyance et 62.714 francs à la charge de la Compagnie.

Des prêts sans intérêts peuvent être aussi consentis. Ces prêts remboursables par dixièmes, ont été en 1908 de 50.380 francs.

Allocation spéciale de mise à la retraite.

Pour permettre aux agents, qui viennent d'être admis à la retraite, d'atteindre plus facilement la date d'échéance de leur premier trimestre, il est alloué à ceux dont le traitement est inférieur à 2.000 francs, un mois de leur traitement d'activité.

Allocation pour service militaire.

Ils reçoivent l'intégralité du traitement ou du salaire pendant toute la durée de leurs périodes d'exercice.

Retraites pour la vieillesse.

Caisse de 1853. — Dès la mise en exploitation complète de la ligne de Paris à Strasbourg, c'est-à-dire, le 1er janvier 1853, la Compagnie de l'Est a institué une caisse de retraites en faveur de son personnel. Le bénéfice de l'institution était réservé aux agents dont le traitement annuel ne dépassait pas 3.000 francs.

La retraite ne pouvait être accordée qu'après 55 ans d'âge et 25 ans de service ; elle était égale au 1/5 du traitement moyen des cinq dernières années sans pouvoir être inférieure à 3oo francs.

Il n'y avait point de pensions pour veuves et orphelins.

La Caisse était alimentée, sans aucune participation des agents, par une subvention de la Compagnie fixée d'abord à 75.000 francs par an, puis à 15o.000 francs et susceptible d'augmentations nouvelles au fur et à mesure du développement du réseau.

La Caisse n'a jamais eu aucune retraite à liquider, ayant été elle-même absorbée et remplacée à dater du 1er janvier 1862, par une nouvelle caisse plus favorable aux intérêts du personnel.

Caisse de 1862. -- Alimentée par une retenue de 2 o/o des traitements et par une égale subvention de la Compagnie, la Caisse de 1862 admettait tous les agents sans limitation de traitement et leur donnait droit après 5o ans d'âge et 25 ans de service à une retraite indéterminée calculée sur des bases purement tontinières et prévoyait également la liquidation de pensions en faveur des veuves et orphelins d'agents décédés après dix ans de service.

La retraite était constituée sous forme de rente viagère immédiate ou différée, sur une seule tête ou sur les deux têtes de l'agent et de sa femme, et ne pouvait dépasser certains maxima échelonnés entre 50 o/o et 75 o/o du traitement.

Enfin en cas de départ, avant 50 ans et 20 ans de service pour cause de suppression d'emploi, les retenues subies par l'agent lui étaient remboursées.

Ainsi constituée, la caisse de 1862 n'a pas donné les résultats espérés, et les pensions liquidées suivant son règlement eussent été presque toutes insuffisantes si la Compagnie n'avait cru devoir les majorer par l'allocation de compléments sérieux mis à la charge de son compte d'exploitation et par l'établissement de minima garantis, savoir :

A. — En général, minimum égal à la moitié, puis plus tard aux deux tiers des maxima réglementaires.

B. — Après 55 ans d'âge et 20 ans de service minimum absolu de 600 francs pour les agents mariés et de 500 francs pour les agents célibataires ou veufs.

C. — Pour les veuves et orphelins d'agents décédés après vingt ans de service, minimum de 365 francs.

Il ne reste plus aujourd'hui aucun agent en service souscripteur de la Caisse de 1862. Par contre, il existait encore au 1er janvier 1907, 721 pensionnaires de ce régime (189 agents et 532 veuves).

Caisse de 1879. — Renonçant au principe purement tontinier de la Caisse de 1862, la Caisse de 1879 réservée au personnel commissionné présentait les caractéristiques suivantes :

A. — Alimentation par une retenue de 3 o/o sur les

traitements des agents et par une subvention de la Caisse de la Compagnie égale à 8 o/o du salaire.

B. — Après 55 ans d'âge et 25 ans de service, droit à une retraite égale à la moitié du traitement moyen des six dernières années, avec augmentation d'un soixantième de ce même traitement pour toute année supplémentaire au delà de cette double limite d'âge et de service.

Maximum des pensions : 2/3 du traitement ou le chiffre absolu de 6.000 francs.

Minimum 600 francs pour les agents mariés et 500 francs pour les agents célibataires ou veufs.

C. — Allocation d'une pension proportionnelle :

1° Aux agents mis à la retraite d'office après 50 ans d'âge et 20 ans de service.

D. — 2° Aux agents atteints d'infirmités graves, à quelque âge que ce fût, après 20 ans de service et même après 15 ans seulement à partir de 1884.

3° Pour les veuves et orphelins une pension égale à la moitié de celle que l'agent recevait ou aurait pu recevoir, avec minimum de 365 francs pour vingt ans de services.

E. — 4° Restitution des retenues avec intérêts composés dans tous les cas où il n'y avait pas lieu à pension.

Cette organisation présentait quelques imperfections, telles que l'impossibilité de faire compter pour la retraite, les années de service antérieures à l'âge de 30 ans.

et certaines anomalies sensibles surtout dans le calcul des pensions anticipées. C'est pour y remédier que la Compagnie ferma sa caisse à tous les adhérents nouveaux à partir de 1891, pour y substituer une caisse nouvelle, qui est aujourd'hui la seule caisse de retraites de la Compagnie de l'Est et qui avait en janvier 1909 la charge de 1.792 pensions liquidées sous l'empire du règlement de 1879.

Caisse de 1891. — Seul applicable à tout le personnel commissionné, le règlement de la Caisse de 1891, dont le fonctionnement est assuré par une retenue de 3 o/o sur les traitements des agents et par une subvention de la Compagnie égale à 14 o/o de ces mêmes traitements, a établi un régime qui empruntait au règlement de 1879 toutes ses dispositions les plus favorables, et remédiait à toutes les imperfections révélées par l'expérience.

Ce régime peut s'analyser comme suit :

1° Tout agent ayant au moins 55 ans d'âge et 25 ans de service commissionné, a droit à une pension viagère qui est égale à la moitié de son traitement moyen des six années les plus rétribuées, et qui s'accroît d'un soixantième du traitement pour chaque année de service commissionné au delà de vingt-cinq ans.

Le maximum de la pension est fixé aux trois quarts du traitement, sans pouvoir dépasser 9.000 francs.

2° Sans condition d'âge et après 15 ans de service commissionné, tout agent rayé des cadres pour cause de santé ou suppression d'emploi a droit à une pension proportionnelle.

3° Sans condition d'âge et après 15 ans de service commissionné, une pension proportionnelle peut être accordée, à titre exceptionnel, aux agents qui n'ayant pas droit à pension, viennent à être rayés des cadres pour des motifs autres que des raisons de santé ou de suppression d'emploi.

4° Sans condition d'âge et au-dessous de quinze ans de service commissionné, tout agent, qui, par suite de blessure reçues dans l'exercice de ses fonctions, se trouve réduit à l'incapacité de travail absolue, a droit à une pension proportionnelle.

5° Sans condition d'âge et d'une manière générale, les pensions d'agents, ne peuvent être inférieures aux minima ci-après :

600 francs après 25 ans au moins de service commissionné ;

450 francs entre 20 et 25 ans au moins de service commissionné ;

300 francs entre 15 et 20 ans au moins de service commissionné ;

6° En cas de mort d'un agent retraité, ou décédé en activité, après avoir accompli 15 ans au moins de service commissionné, la moitié de la pension viagère qui lui était ou aurait pu lui être servie est réversible de droit sur sa veuve ou sur les enfants âgés de moins de 18 ans.

Le minimum des pensions des veuves ou d'orphelins est fixé comme suit :

365 francs, si l'agent avait accompli au moins 25 ans de service.

250 francs, s'il avait effectué 15 ans et moins de 20 ans de service commissionné.

7° Toutes les fois que par suite de démission, licenciement, radiation de cadres, révocation, décès ou toute autre cause, un agent cesse définitivement d'être au service de la Compagnie sans qu'il y ait lieu à liquidation de pension, la Compagnie rembourse d'office soit à lui-même, soit à sa veuve ou à ses orphelins âgés de moins de 18 ans ou à ses père et mère, le montant des retenues opérées sur son traitement, en vue de la retraite, les dites retenues augmentées de leurs intérêts cumulés, au taux bonifié annuellement par la Caisse d'épargne à Paris à ses déposants.

Le total des recettes de la Caisse pendant 1908 se décomposait ainsi :

Les subventions de la Compagnie étaient de 7 088.409 francs ; les versements des agents étaient de 1.519.564 francs ; les revenus des valeurs de la Caisse de 4.113.789 francs et les recettes diverses de 100 805 fr., ce qui fait au total 12.822.567 francs.

Les charges de la Caisse des retraites ont été le 1er janvier 1909 pour les pensions de la Caisse de 1891 de 6 581.995 francs distribués à 1.340 agents et de 1.702.293 francs distribués à 605 veuves et orphelins.

Les pensions liquidées pendant l'année 1908 se chiffrent de la façon suivante :

574 pensions d'agents d'une valeur moyenne de 1.376 francs.

109 pensions de veuves d'une valeur moyenne de 577 francs.

3 pensions d'orphelins d'une valeur moyenne de 587 francs.

Au 1er janvier 1909, l'avoir de la Caisse s'élevait à 114.804.825 francs représentés par des obligations de la Compagnie pour 107.385.422 francs, par des prêts hypothécaires pour 7.388.187 francs et pour le surplus, par des espèces en caisse.

Retraites spéciales du personnel en régie.

A côté du régime ci-dessus défini réservé aux agents commissionnés qui subissent une retenue de 3 o/o sur leur salaire, la Compagnie a institué depuis 1884, en faveur du personnel non commissionné (ou personnel en régie), qui n'a aucune retenue à subir et ne participe pas à la Caisse des retraites, un régime particulier : il est alloué aux agents en régie atteints d'incapacité de travail ainsi qu'à leurs veuves et orphelins, des pensions spéciales prélevées sur les recettes de l'exploitation et égales en principe, à la moitié des pensions de retraite assurées au personnel commissionné dans les mêmes conditions d'âge, de temps, de service et d'appointements.

Le montant de ces pensions spéciales ou secours annuels, ne peut être en aucun cas inférieur aux minima ci-après :

Après 25 ans de service en régie pour les agents. 400 francs ; après 20 ans, 300 francs ; après 15 ans. 200 francs.

Pour les veuves et orphelins 250 francs, 200 francs et 150 francs après 25, 20 et 15 années de service.

Le montant des secours annuels payés par la Compagnie s'est élevé à 668.206 francs. La Compagnie, en vue d'améliorer leur sort. avait soumis le 24 juillet 1907, à l'homologation ministérielle un projet de règlement des pensions du personnel classé, qui devait s'appliquer à tous les agents en régie comptant plus de 21 ans d'âge et 2 ans de service ininterrompu et remplacer ainsi pour l'avenir le régime des secours annuels.

Un livret de la Caisse nationale des retraites pour la vieillesse devait être ouvert à chaque agent.

Une retenue de 2 o/o sur le salaire, et une subvention de la Compagnie égale à 8 o/o devaient être versées par les deux parties.

Un projet de loi sur les retraites du personnel des chemins de fer fut déposé en février 1909, aussi la Compagnie retira-t-elle le projet qu'elle avait formé.

Subvention aux Sociétés coopératives.

Elle verse des subventions aux coopératives formées par ses agents.

En dehors des allocations périodiques, elle leur a fait des prêts sans intérêts ou a consenti des dons de 2.000 à 30.000 francs à la plupart des Sociétés qui offrent aux agents les moyens de se procurer, dans les meilleures conditions de prix les principaux articles d'alimentation.

Le montant des allocations a été en 1908 de 67.950 fr.

Facilités de circulation.

Il est accordé la gratuité du parcours sur le réseau de l'Est et une fois par an sur les autres réseaux à tous les agents de la Compagnie.

Rapport entre les institutions patronales, le chiffre des salaires et des dividendes.

En 1908, les dépenses patronales se sont élevées à 12.807 882 francs, soit 16,45 o/o du montant des salaires du personnel, et de 62,04 o/o du revenu distribué aux actionnaires, et en y faisant entrer les sommes versées pour accidents du travail et la solde des journées de congé, le total s'élèverait à 14.892.270 francs, soit 19,69 o/o du traitement et 72,14 o/o du dividende.

COMPAGNIE GÉNÉRALE DES TRAMWAYS
(Réseau de Nancy).

Indemnité de maladie et caisse de secours.

Les agents ouvriers ou employés payés à l'heure et à la journée, auxiliaires et titulaires, n'ont droit à aucune indemnité, ni à aucune solde, pendant les quatre premiers jours de maladie. A partir du cinquième, ils sont payés à demi-solde par la Compagnie jusqu'au trentième jour inclus. Toute maladie dépassant quatre jours, entraîne le rappel des quatre premiers jours de maladie.

Les agents payés au moins à 150 francs et les contrôleurs sont payés par la Compagnie à solde entière au lieu de demi-solde pendant le premier mois. A partir du second mois de maladie, la caisse de secours du personnel du mouvement subventionnée par la Compagnie intervient. La caisse est alimentée en outre par le produit des amendes. Les indemnités désignées ci-dessus ne sont pas payées pour les maladies résultant de l'inconduite, ou si l'agent s'est présenté malade au retour d'une permission.

Retraites.

Ils ont le droit d'opter entre le régime des retraites de la Compagnie concessionnaire et le régime de la loi de 1910 sur les retraites pour la vieillesse.

La contribution du personnel est de 2 o/o du salaire.

La contribution de la Société s'élève à 2 o/o et comprend en outre une bonification complémentaire ainsi calculée :

Cette allocation est proportionnelle à l'allocation postérieure du dividende. Elle sera déterminée, chaque année, sur la base de o fr. 20 par mois et par agent pour o fr. 20 o/o d'augmentation du dividende de l'année écoulée sur celui attribué lors du règlement de l'exercice 1909, au capital actuel (50 millions).

La contribution de 2 o/o du concessionnaire est versée à capital aliéné au profit exclusif de l'intéressé. La cotisation de l'adhérent est versée à capital aliéné ou réservé, à son choix ; il en est de même de la bonification. S'il est marié, ces versements sont effectués moitié à son nom personnel, et moitié à celui de sa conjointe.

Il est pris au nom de l'intéressé un livret individuel à la Caisse nationale des retraites pour la vieillesse avec constitution de rente viagère dont l'entrée en jouissance est fixée à 50 ou 65 ans au choix du déposant.

A. — Personnel : Conducteurs, Wattman, Aiguilleurs et contrôleurs — Primes — Les agents qui, par suite d'une absence due à une période d'instruction militaire, auraient perdu le bénéfice d'une prime mensuelle, reçoivent deux tiers de prime trimestrielle, s'ils ont touché les deux autres primes, la moitié de la prime s'ils ont touché une prime entière et une demiprime, le tiers s'ils ont touché deux demi-primes mensuelles du trimestre.

La prime mensuelle est celle accordée à tous les agents ayant effectué au moins dix-huit journées de travail. Elle s'élève à 10 francs pour les titulaires et à 5 francs pour les auxiliaires.

La prime trimestrielle de 15 francs, est celle accordée aux agents ayant touché trois primes mensuelles entières pendant un même trimestre.

B. — Demi-salaires. — Les employés auxiliaires de première classe et les titulaires sont payés à demi-solde pendant les périodes d'instruction militaire (réserve et territoriale). Ce paiement est effectué dans la semaine qui suit leur retour.

Habillement.

La tenue d'uniforme est fournie gratuitement par la Compagnie à tous les agents du mouvement jusqu'au grade de contrôleur compris. Tous les effets sont la propriété de l'employé une fois leur temps accompli.

C. — Personnel des services électriques affecté à l'entretien des lignes aériennes, etc. Primes d'ancienneté — Les ouvriers comptant plus de dix années de service consécutives à la Compagnie touchent chaque année une prime d'ancienneté représentant 5 o/o du salaire pour le personnel payé à l'heure et fixée à 100 francs pour le personnel payé au mois. Cette prime est refusée aux ouvriers dont le salaire est supérieur à 200 francs.

Allocation militaire.

Ils ont droit à la demi-solde pendant leurs périodes.

SOCIÉTÉ DES TRAMWAYS DE GÉRARDMER

Institutions de prévoyance.

Vieillesse. — La Société participe à la constitution d'un capital qui lui sera donné à 60 ans, par un versement annuel double de celui que versera l'ouvrier lui-même. La participation est au minimum de 72 francs par an et par ouvrier ou employé.

Le système adopté est le suivant : tout ouvrier âgé de 11 à 40 ans, pourra assurer à son profit et sur sa tête un capital qui à l'âge de 60 ans, lui appartiendra. Il pourra le convertir en une rente viagère ou le recevoir en espèces.

Il est à cet effet passé un contrat avec une Compagnie d'assurances. On applique les tarifs relatifs aux assurances de capitaux différés avec remboursement des primes versées, de sorte qu'un ouvrier âgé de 24 ans verse 3 francs par mois, soit 36 francs, la Société verse le double, soit 72. ce qui fait un total de 108 francs par an et à l'âge de 60 ans un capital de 7.714 francs la Société garantit à la Compagnie d'assurances le paiement des primes de l'ouvrier.

Situation de l'ouvrier quittant la société. — En cas de

départ ou de renvoi, l'ouvrier ne rembourse pas les primes échues. La Société lui rembourse en outre le paiement des versements faits par lui à chaque paye depuis l'époque du paiement de la dernière prime, mais non ceux faits pour lui par la Société. En cas de décès avant l'âge de 60 ans, les primes versées et les sommes non encore versées depuis la dernière prime sont remboursées aux ayants droit.

Dans le cas où, par suite de départ ou de renvoi, l'ouvrier ne pourrait plus payer les primes, le montant des sommes à recevoir en sera réduit d'autant.

Maladie. — Un fonds de réserve alimenté par les intérêts des versements mensuels faits à la Caisse d'épargne pour le paiement des primes à la Compagnie d'assurances générales, par les parts de primes des ouvriers ayant quitté la Société et par des libéralités a été institué dans le but de venir en aide aux ouvriers malades, à ceux qui sont sous les drapeaux et à ceux qu'une gêne momentanée empêcherait de payer leur prime.

Administration. — Les ouvriers élisent tous les ans trois ouvriers qui formeront le comité de surveillance. Il a pour mission de surveiller l'emploi du fonds de réserve et sera consulté pour les placements et retraits de fonds, donations, legs, dons manuels applicables au fonds de réserve. Il est donné en outre aux ouvriers connaissance de l'administration du fonds de réserve.

SOCIÉTÉ LORRAINE DES ANCIENS ÉTABLIS-SEMENTS DIETRICH DE LUNÉVILLE

Au capital de 15 millions, elle possède à Lunéville une usine pour la construction de wagons et d'automobiles, d'autres usines à Birmingham et à Milan.

Logements.

Il a été construit 46 maisons à deux logements, cinq maisons à six logements, une maison à trois logements et une autre à six. Le loyer en varie de 15 à 23 francs par mois.

Maladie.

La Caisse des malades est alimentée par une retenue sur les salaires et par un don annuel de la Société. Elle leur fournit gratuitement les soins médicaux et pharmaceutiques. Il est alloué en outre aux ouvriers une allocation journalière égale au demi-salaire. Il existe en outre une Société de secours mutuels.

Institutions pour le bien-être moral.

Une Société de musique de 58 membres a été formée. Une crèche avec école maternelle est en projet.

Retraites.

Les ouvriers et employés de la Société sont admis à

contracter à leur profit avec le concours de la Société,
auprès d'une compagnie d'assurance, des assurances
différées, ayant pour but de leur procurer à leur choix,
au moment où ils quitteront la Société : soit une rente
viagère différée prenant cours à 55 ans au plutôt, avec
ou sans remboursement des primes versées en cas de
décès, soit un capital différé payable à 55 ans, avec ou
sans remboursement des primes en cas de décès. A cet
effet, tous les employés âgés de plus de 21 ans et de
moins de 45 ans, entrant à la Société Lorraine à partir
du 1er avril 1905, subiront d'office une retenue de 5 o/o
sur leur traitement. Le montant en sera versé annuel
lement à la Compagnie d'assurances, mais le versement sera facultatif pour ceux âgés de moins de 21 ans
et de plus de 45 ans. La même liberté est réservée aux
employés en service avant ce règlement. La Société
verse une somme incessible et insaisissable de 5 o/o du
traitement pour lui constituer à 55 ans au plus tôt, un
capital ou une rente. Elle ne fait ses versements, que
si l'employé fait les siens. Les versements faits à la
Compagnie d'assurances donnent lieu pour chaque
employé à deux polices distinctes : l'une formée par la
retenue de son salaire et égale à 5 o/o de son traitement
dont il reste dans tous les cas propriétaire, l'autre alimentée par le versement de la Société qui restera la
propriété de celle-ci, tant que l'employé est en service,
et égale à 5 o/o du salaire.

Conditions à la retraite. — 1° Elle transférera la pro

priété de la police à l'employé dans les cas suivants : S'il quitte la Société ayant 55 ans au moins et 15 ans de service ; 2° S'il est décédé en activité de service ; 3° S'il se trouve dans l'incapacité de travailler.

Cas de renvoi. — Elle conserve la propriété de cette police dans le cas de révocation de l'employé, et de démission ou de départ. L'employé reste propriétaire de la police provenant de ses versements et qu'il peut augmenter s'il le veut.

Organisation financière de la caisse. — Pour en assurer le fonctionnement, il est ouvert un compte crédité : 1° du montant de la participation aux bénéfices. Quand celui-ci n'aura pas atteint une somme égale à 5 o/o du total des appointements, la différence sera avancée par la Société ; 2° Des retenues opérées chaque mois sur les traitements et des versements égaux de la Société ; 3° Du montant des sommes dues par la Compagnie d'assurances quand le bénéficiaire n'y a pas droit. Les employés peuvent à leur gré contracter une assurance au delà de 55 ans. Dans ce cas la Société continuerait ses versements aussi longtemps que ceux de l'ouvrier.

Institution d'épargne.

Il a été organisé une sorte de succursale de la caisse d'épargne de l'Etat à l'intérieur de l'usine, afin de faciliter aux ouvriers les opérations de virement et de retrait de fonds. Il a été formé en outre en 1909 une Société mutuelle d'épargne. Cette Société a pour but la réunion d'économies destinées à l'achat d'obligations françaises. à lots de préférence, et s'interdit tout jeu de Bourse.

Organisation financière.

Le fonds social est constitué par les versements des sociétaires (la cotisation est de 1 franc par mois pour chaque part. Le maximum des parts est de 5 au maximum par sociétaire), par la réalisation des coupons, par la plus-value de remboursement et les primes des obligations sorties, par les dons volontaires.

Les fonds provenant du remboursement au pair, des valeurs composant le capital, et les coupons échus seront affectés à l'achat de nouveaux titres. Tout lot au-dessus de mille francs sera distribué immédiatement aux associés, mais en prélevant la somme nécessaire au remplacement du titre périmé. Les lots inférieurs à 1.000 francs serviront à l'achat de nouveaux titres et le montant sera porté à l'avoir des sociétaires, au prorata de cet avoir le jour du tirage.

Situation du démissionnaire.

L'employé peut se retirer quand il lui plaît. Un bilan est établi à ce moment et il sera remboursé au prorata de son nombre de parts sans aucune retenue. Les employés peuvent de même sans démissionner retirer une partie de leur avoir.

Organisation administrative.

La Société est administrée par un Conseil composé de
7 membres, dont un président et un vice-président. Il
est chargé d'acheter les titres, de l'encaissement des
coupons, d'opérer le retrait des fonds, de réaliser tout
l'actif social.

Coopérative.

La Société a provoqué la formation d'une coopérative
au capital de 50.000 francs.

CHAPITRE IV

BRASSERIES - FILATURES
INDUSTRIES DIVERSES

GRANDE BRASSERIE DE CHAMPIGNEULLES

Caisse de secours.

La Caisse de secours fournit aux ouvriers la gratuité des soins médicaux et pharmaceutiques, une indemnité pour les jours de maladie, un secours en cas de décès, 25 francs pour les célibataires, et 50 francs pour les hommes mariés.

La cotisation est de 1,50 o/o du salaire de chaque adhérent et au maximum de 2 fr. 25 par mois.

L'indemnité à recevoir est du demi-salaire, avec un maximum de 2 fr. 50. Elle n'est accordée que si la durée de la maladie a été supérieure à 4 jours. Elle peut être réduite si l'ouvrier fait déjà partie d'autres sociétés ou si sa maladie dure plus de quatre mois.

L'affiliation à la caisse n'est pas obligatoire, le comité se réserve le droit de refuser, après 6 mois de présence, les demandes d'adhésion.

La caisse de secours est administrée par 12 membres

de la Société. Un membre du comité est chargé de visiter au moins une fois, tous les huit jours, les ouvriers malades. Le choix du médecin n'est pas libre.

La Brasserie fondée depuis peu de temps n'a encore qu'un nombre restreint d'institutions patronales. Un certain nombre sont actuellement à l'étude. Elle a été fondée en effet en 1907.

Son capital est de un million de francs.

BRASSERIE DE CHARMES

Fondée en 1864, elle a été transformée en 1898 en commandite par actions au capital de 2.000.000. Elle peut produire 100.000 hectolitres de bière.

Institutions concernant le bien-être matériel.

Logement. — Un certain nombre d'ouvriers sont logés et éclairés gratuitement.

Allocations diverses. — Une allocation de 3 o/o des bénéfices nets est mise tous les ans à la disposition de la gérance pour rémunérer les services qu'elle juge convenables, dans l'intérêt de la Société. Elle y ajoute tous les ans 500 francs à l'occasion de la nouvelle année.

Elle met en outre en tombola deux obligations de la Société de 500 francs chacune, et divers lots d'une valeur de 500 francs pour leur ensemble. La tombola a pour but de récompenser le personnel fidèle à l'établissement. le nombre des billets et, partant de chances, augmentant avec la durée du service. Chaque ouvrier reçoit par jour et gratuitement 4 litres de bière dont deux pour lui et deux pour sa famille.

Allocations militaires. — Une indemnité de 1 fr. 25 par jour est accordée à l'ouvrier faisant une période militaire.

Institutions de prévoyance.

Les soins médicaux et pharmaceutiques sont accordés gratuitement aux ouvriers.

Une indemnité de un franc par jour de maladie est accordée à l'ouvrier marié et père de famille.

Les frais funéraires sont remboursés, quand ils sont estimés trop lourds pour la famille. La Société encourage les Mutuelles en remboursant aux ouvriers leurs cotisations.

Rapports entre les salaires, les dividendes et les institutions patronales.

La Société occupe de 90 à 100 ouvriers et leur verse 140.000 francs de salaires. Il a été versé pour la bière, 18.000 francs, les logements gratuits 1.600 francs, pour les primes 5.600 francs, pour les soins médicaux et pharmaceutiques 2.000 francs, soit 28, 7 o/o du chiffre des salaires, 33, 5 o/o du chiffre des dividendes, 2. 87 o/o du chiffre d'affaires.

La stabilité du personnel est la suivante : 8 o/o des ouvriers ayant de 20 à 30 ans de présence, 27 o/o des ouvriers de 10 à 20 ans, 28 o/o des ouvriers de 5 à 10 ans, et 37 o/o des ouvriers de moins de 5 ans.

GRANDE BRASSERIE DE MAXÉVILLE

Vieillesse. — Il existe une caisse de retraite alimentée exclusivement par les versements patronaux. Le chiffre moyen des pensions est de 360 francs par an au minimum. Il faut avoir 30 ans de service pour y avoir droit.

Maladie. — Il a été formé une caisse de maladie alimentée par les versements du patron et de l'ouvrier. Chacun en verse la moitié. La retenue est de 2 o/o du salaire et les gratifications accordées s'élèvent de 5 à 8.000 francs par an à l'ensemble du personnel ouvrier. La caisse assure à ses membres outre les soins médicaux et pharmaceutiques, une indemnité journalière égale au demi-salaire.

Logements. — Il n'a été construit aucune maison par la Société. Des prêts sont consentis pour la construction de maisons au taux de 4 o/o. Le montant du prêt varie de 400 à 2.000 francs.

Institution concernant le bien-être moral.

Aucune institution de ce genre n'existe à la Société.

GRANDES BRASSERIES DE DOMBASLE

Maladie. — Des allocations égales au demi-salaire peuvent être accordées aux ouvriers malades.

Vieillesse. — On conserve les anciens ouvriers en activité de service, quoiqu'ils ne soient plus capables de rendre les services qu'on serait en droit d'exiger d'eux en raison des salaires qu'ils reçoivent.

FILATURES GARNIER-THIÉBAUT
A GÉRARDMER

Institutions concernant le bien-être matériel.

Soins aux malades. — Dès 1887, la Société s'était assuré le concours d'une religieuse pour visiter les malades à domicile.

Garderie. — Les enfants, au nombre d'une quarantaine, sont gardés jusqu'au moment où les parents quittent l'usine. Un local spécial leur est affecté : chacun y a son berceau.

Hygiène. — Toutes les fois qu'une famille quitte un logement, il est désinfecté.

Société coopérative. — Depuis 1907, la Société a remplacé par une coopérative, l'économat patronal.

Institutions de prévoyance.

Vieillesse. — Des primes d'ancienneté fonctionnent

depuis 1897 et sont données aux ouvriers après 15 ans de service, et varient de 25 à 100 francs par an suivant l'ancienneté. Elles sont capitalisées au taux de 4 o/o. Quand l'ouvrier est âgé ou quand il ne peut plus travailler, son capital est placé en viager. En cas de décès, le capital revient aux ayants droit. Les ouvriers possédaient ainsi en 1909, 40.000 francs environ.

Institutions concernant le bien-être moral.

Cercle. — Un local spécial de réunion pour les jeunes gens avec une scène, livres et jeux divers a été aménagé. Une société de gymnastique s'est greffée sur ce cercle.

Un ouvroir a été institué pour les jeunes filles qui y sont reçues gratuitement.

Influence des institutions patronales.

La Société, dépense pour ses différentes œuvres de 18 à 20.000 francs par an. Les résultats sont excellents au point de vue de la moralité, de la sobriété et de la santé : l'alcoolisme diminue, les naissances augmentent En 1906, 1907 et 1908, il y a eu chaque année 20 naissances contre 5 à 6 décès, sur une population de 450 habitants. La mortalité infantile est de un à deux décès. En 1909 les résultats étaient les mêmes. Les rapports entre le personnel et les patrons sont excellents.

VINCENT-PONNIER ET Cie (Senones-Vosges).

La Société possède huit usines et occupait en 1910 : 1.884 ouvriers.

Institutions de prévoyance.

Caisse de retraite. — Elle est alimentée par les dons de la Société et des membres honoraires, sans aucun apport des ouvriers. Pour avoir droit à la retraite, il faut avoir 15 ans de service et 45 ans d'âge. L'effectif des ouvriers, le nombre des pensionnaires, le taux maximum de la pension, l'avoir de la caisse, le revenu du capital étaient respectivement pour l'année 1866, de 1.150, 30.200 et 60.000 francs ; en 1889, ils étaient de 1.555, 80, 300, 258.000, 10.500 francs ; en 1899, ils étaient de 1.895, 100, 300, 360, 500, 13.700 francs ; en 1909, ils étaient de 1.884, 113, 300, 429.000 francs, 15.800.

Caisse de secours. — Dès 1866, année de sa fondation, à 1879, la caisse de secours prenait à sa charge les soins médicaux et pharmaceutiques, les indemnités de demi-salaires aux ouvriers malades et aux femmes en couches : les ouvriers payaient alors une cotisation de 2 o/o de leur salaire et la Société versait une subvention égale. De 1880 à 1884, la cotisation fut abaissée à 1 o/o et en 1884, elle fut supprimée de sorte que la maison prend entièrement à sa charge, les frais médicaux et pharmaceutiques ; elle assure aussi aux femmes en couches les soins gratuits de la sage-femme, et leur paie le salaire complet d'un mois en y ajoutant une layette.

Fondation de lits. Caisse de prévoyance. — Il a été fondé 8 lits à l'hôpital-hospice de Senones pour les ouvriers de l'usine. Une caisse exclusivement à la charge des usines pourvoit aux secours exceptionnels, ainsi qu'aux frais d'hospitalisation en supplément des 8 lits de fondation. Elle est alimentée uniquement par les dons de la Société.

Institutions concernant le bien-être matériel.

Crèches. — La Société a installé pour ses huit usines, quatres crèches et garderies dont une à Moyenmoutiers, deux à Senones, et une à Moussey.

Ces établissements reçoivent exclusivement et d'une façon absolument gratuite les enfants des ouvriers des manufactures de Saint-Maurice depuis leur plus bas âge, jusqu'à quatre ans. A Senones, il est admis moyennant une rétribution très minime, un certain nombre d'enfants étrangers aux usines. 125 enfants les fréquentent et sont soignés par 15 gardiennes tant sœurs que laïques. Chacun de ces établissements comprend une salle d'allaitement, une salle de crèche pour les nourrissons, une salle de garderie, une galerie ou un préau couvert et un préau en plein air. Les enfants ont à leur disposition 72 couchettes isolées et reçoivent aussi déjeuner et goûter composé plus spécialement de lait, phosphatine, etc...

Institutions concernant le bien-être moral (Patronage).

Il a été fondé un patronage en vue de réunir et distraire les jeunes filles le dimanche. Différents jeux sont mis à leur disposition dans une salle où on peut jouer le théâtre. On y fait aussi des conférences. En été, on organise des promenades. Créé en 1898, le patronage comprend 80 jeunes filles de 12 à 20 ans.

Ouvroirs. — Il existe pour le personnel deux ouvroirs. La Société pourvoit à tous les frais nécessaires à la marche de l'institution qui comprend tant à Senones, qu'à Moyenmoutiers 120 élèves de 6 à 12 ans. Les ouvrages effectués par les enfants avec des tissus de la Société deviennent leur propriété.

Influence des institutions patronales.

De 1886 à 1908, il a été décerné 174 médailles du travail aux ouvriers de la Société, dont 19 ayant 35 ans de service.

DOLLFUS-MIEG ET Cie

Au capital de 10 millions. Elle possède des usines à Belfort et Mulhouse et Dornac et fabrique du fil à coudre et du coton à broder.

Société de secours mutuels.

Il a été fondé une caisse de secours mutuels en cas de

maladie. Tous les employés, contremaîtres et ouvriers ou ouvrières, dont le salaire annuel ne dépasse pas 2.400 francs, sont tenus d'en faire partie. Les membres qui quittent l'établissement, cessent de faire partie de la caisse et n'ont plus droit à aucun des avantages qu'elle procure. Ne peuvent en faire partie les personnes qui appartiennent déjà à une institution de ce genre. Tout nouvel adhérent sera examiné par un des médecins de la Société. Chaque ouvrier doit avoir un carnet de maladie.

Peuvent être privés temporairement des avantages de la caisse, ou en être exclus, les membres ayant subi une condamnation infamante, ceux qui se feront porter malades lorsqu'ils ne le sont pas et ceux qui ont une conduite déréglée.

Cotisations. — Tous les membres de la caisse sont tenus de verser une cotisation pour un salaire de quinzaine arrêté à chaque paie. Les hommes de plus de 18 ans versent un franc, les femmes de 16 ans, et les garçons de 16 à 18 ans révolus : o fr. 5o et les enfants âgés de moins de 16 ans : o fr. 3o. Ces sommes sont retenues sur la paie à la fin de chaque quinzaine.

De son côté, la Maison Dollfus-Mieg verse de ses propres deniers une somme égale à la moitié des cotisations payées par les membres. Elle prend en outre à sa charge les frais de gestion et les honoraires des médecins attitrés à la caisse, jusqu'à concurrence de 1 fr. 5o par membre et par an. Le produit des amendes est en outre versé à la caisse.

Avantages que procure la caisse à ses membres. — La caisse assure à ses membres la gratuité des soins médicaux et pharmaceutiques et en cas d'incapacité de travail, elle leur verse à partir du quatrième jour, lorsque la durée de la maladie est inférieure à onze jours et à partir du premier jour, lorsque celle-ci est supérieure à onze jours, une indemnité égale au montant du double de la cotisation versée par quinzaine. L'indemnité journalière n'est pas due pour les maladies causées par la débauche. La durée de l'indemnité est limitée à vingt-cinq semaines et peut être prolongée pendant quinze autres semaines si les ressources de la caisse sont suffisantes, mais dans le cas de prolongation, l'indemnité est réduite de moitié.

Les femmes en couches touchent l'indemnité prévue pendant vingt-huit jours, à dater de l'accouchement, à condition qu'elles n'aient pas repris le travail plus tôt et qu'elles aient versé déjà au moins quatorze cotisations régulières.

Les femmes et les enfants d'ouvriers ont aussi droit aux soins gratuits des médecins de la caisse. Tout malade incapable de travailler devra voir le médecin deux fois par semaine au moins. Des surveillants rétribués par la Maison Dollfus sont chargés de visiter les malades, de s'assurer des soins qui leur sont donnés et de reconnaître leur état.

Si le traitement à l'hôpital est nécessaire, il ne touchera que la différence existant entre l'indemnité prévue et les frais d'hôpital ; dans le cas où ceux-ci seraient supérieurs à l'indemnité quotidienne prévue, cette indemnité quotidienne ne serait pas versée.

En cas de décès d'un des membres de la Caisse, ses ayants droit touchent l'indemnité suivante pour frais d'inhumation, à savoir : 40 francs pour les membres dont la cotisation est inférieure à 1 franc et de 60 francs pour les membres dont la cotisation est de 1 franc. Aucun des avantages énumérés ci-dessus, sauf les soins médicaux, n'est à la charge de la caisse lorsqu'ils sont accordés à des ouvriers victimes d'accidents du travail.

Le service médical est assuré par deux médecins et un chirurgien choisis par le comité. Le service pharmaceutique est assuré par les pharmaciens choisis eux aussi par le comité.

Fonds de réserve. — Les économies réalisées par la caisse sont versées à un fonds de réserve dont le minimum est fixé au chiffre de la dépense d'une année calculé sur la moyenne des trois années précédentes. Il est prélevé 10 o/o sur les recettes annuelles aussi longtemps que ce minimum ne sera pas atteint. Les capitaux constituant le fonds de réserve sont déposés dans la maison Dollfus : ils sont productifs d'un intérêt de 4 o/o par an.

Administration de la caisse. — La caisse est administrée par un comité de huit membres, dont deux sont désignés par la Société Dollfus Mieg, l'un étant président et l'autre secrétaire-trésorier ; les six autres sont nommés par les sociétaires, dont un employé, trois ouvriers et deux ouvrières. Ils sont nommés pour quatre ans et élus par les sociétaires par scrutin secret.

Les attributions du comité sont : l'examen des comptes et de toutes questions annexes, le choix des pharmaciens et l'établissement des traités passés avec eux. Le Comité est en outre chargé de prendre les décisions relatives aux réclamations des membres, de décider en particulier s'il y a lieu de prolonger les indemnités journalières au delà de la vingt-cinquième semaine. Toute contestation est tranchée souverainement par le comité.

La situation de la caisse est affichée à la fin de chaque exercice dans l'établissement.

Caisse d'épargne.

Cette caisse reçoit en dépôt les sommes versées par les ouvriers. Le taux de l'intérêt alloué est de 5 o/o pour les sommes inférieures à 3oo francs et de 4 o/o pour les sommes supérieures à ce chiffre.

Vieillesse.

Des pensions de retraites sont accordées aux ouvriers. Elles sont constituées par les allocations de la Société sans aucune retenue sur le salaire. Elles sont allouées à partir de quinze années de présence et s'élèvent après vingt-cinq années de service à 28o francs environ.

MAISON DANIEL VŒLKER-COUMES

Fondée en 1842 et transférée en 1882 à Bayon, la manufacture de chicorée occupait en 1900, 98 ouvriers.

Vieillesse.

Il a été formé une Société de prévoyance dont le but est d'assurer à ses membres une pension de retraite, des secours en cas d'infirmités prématurées et d'incapacité continue de travail avant l'âge de la retraite, des secours aux veuves et orphelins des sociétaires et à leurs ascendants.

Constitution et conditions d'admission et d'exclusion. — La Société se compose de membres honoraires et de membres participants. Les femmes peuvent aussi en faire partie. Les membres participants sont divisés en deux catégories ; les hommes paient une cotisation annuelle de 12 francs, et les femmes une cotisation de 10 francs. Dans les deux catégories, la moitié de la cotisation est payée mensuellement par une retenue sur le salaire ; l'autre moitié est payée en une fois sur les parts respectives provenant des parts bénéficiaires de la Maison Vœlker-Coumes (et à défaut de bénéfices sur le compte frais généraux de la Maison).

Les membres honoraires sont ceux qui, par leurs souscriptions, contribuent à la prospérité de l'association sans participer à ses avantages. Les membres participants, qui ont quitté la Société et qui ont cessé depuis six mois de payer leur cotisation cesseront de faire partie de la Société.

L'exclusion est prononcée pour condamnation infamante, pour préjudice causé volontairement aux intérêts de la Société ; pour conduite déréglée et notoirement scandaleuse. La radiation, la démission et l'exclusion ne donnent droit à aucun remboursement. Toutefois, grâce à la combinaison du livret individuel, les titres de rentes viagères, constituées régulièrement, en faveur des membres participants démissionnaires radiés, ou exclus leur restent acquis (1).

Administration. — La Société est administrée par un conseil composé d'un président, d'un vice-président, d'un secrétaire et d'un trésorier. Tous les administrateurs sont élus en assemblée générale et pris parmi les membres honoraires ou participants ; mais les présidents sont choisis plutôt parmi les membres honoraires.

Fonds social. — Le fonds social se subdivise en fonds commun et de retraite, et en réserve.

Le fonds commun et de retraite se compose des droits d'admission, payés par les membres participants, des subventions de l'Etat, des cotisations des membres honoraires, du produit des amendes, de la portion annuelle des répartitions bénéficiaires allouée par la

(1) Ces renseignements nous ont été envoyés en avril 1911.

maison Vœlker-Coumes, des ristournes du capital réservé sur les livrets des sociétaires décédés, de la part des cotisations des participants qui n'est pas versée au livret individuel.

La réserve se compose d'un prélèvement annuel de un franc par tête sur les cotisations des membres participants et honoraires, des dons et legs, des répartitions supplémentaires de bénéfices.

Les fonds en caisse, ne peuvent jamais dépasser 100 francs, l'excédent est placé en partie à la caisse d'épargne, en partie à la Caisse des dépôts et consignation tant que cette caisse servira un intérêt de 4 1/2 ou 4 o/o. Les versements seront effectués chaque année à la Caisse nationale des retraites pour la vieillesse.

Obligations des membres participants et honoraires. — Les membres participants doivent en entrant payer un droit d'admission de un franc. Ils doivent en outre payer leur cotisation de la façon déterminée ci-dessus. Ils sont obligés de se rendre aux assemblées générales. La souscription des membres honoraires est au minimum de six francs par an. Les membres honoraires peuvent une fois pour toutes verser une somme totale de 100 francs.

Obligations de la société de prévoyance. — La pension de retraite est basée sur la double combinaison du livret individuel et de la participation au fonds commun et de retraite. Les deux tiers de chaque cotisation sont affectés au livret individuel, soit annuellement 8 francs pour les hommes et 6 fr. 60 pour les femmes ; la moitié de ces sommes est versée à capital aliéné et l'autre moitié à capital réservé au profit de la Société. Pour avoir droit à la retraite, il faut être âgé de 62 ans et justifier de 30 années de sociétariat, au minimum. Le montant de la pension est fixé ainsi qu'il suit : 80 francs pour les hommes et 66 francs pour les femmes, la majoration de l'Etat non comprise après 30 ans de service et 62 ans d'âge ; 120 francs pour les hommes et 100 francs pour les femmes, y compris la majoration de l'Etat après 35 années de service et 65, 66 ou 67 années d'âge.

Au moment où le sociétaire aura atteint l'âge de la retraite, il sera prélevé sur le fonds commun et de retraite la somme nécessaire pour compléter à la Caisse des retraites le chiffre minimum de pension. La retraite proportionnelle sera accordée à tout sociétaire, qui sans pouvoir justifier de 30 années de sociétariat, aura atteint l'âge de 65 ans ou à ceux qu'une maladie ou un accident auront rendus incapables de tout travail. Le montant en est fixé ainsi qu'il suit : à 63 ans d'âge, après 28 ou 29 ans de service, les hommes auront droit à une pension variant de 72 à 77 francs et les femmes à une pension de 61 à 64 francs. A 65 ans d'âge après 26 à 29 ans de service, les hommes auront droit à une pension variant de 67 à 76 francs et les femmes une pension variant de 56 à 63 francs. De 66 à 68 ans, après 18 années de service la pension s'élèvera à 50 francs pour les hommes et à 40 francs pour les femmes.

Secours et autres avantages. — Il peut être accordé à la veuve d'un sociétaire un secours au moins égal à 25 francs et au plus égal au tiers du chiffre de retraite de son mari. Le conseil pourra le renouveler une ou deux fois en tenant compte de sa situation et des années de service du défunt. Le secours lui sera refusé, si elle bénéficie d'une assurance-vie constituée sur son mari par la caisse de secours pour une somme de 500 francs ; seuls alors ses enfants âgés de moins de 17 ans pourront y prétendre.

Les orphelins de père et mère ont droit jusqu'à l'âge de 17 ans, à un secours dont le montant est fixé annuellement par le conseil, mais qui ne peut, pour une même famille dépasser 60 francs par an. L'allocation pourra être réduite dans le cas où il y aurait une assurance-vie ou un capital réservé au profit des héritiers.

La Société mutuelle de prévoyance prend en outre à sa charge les obligations suivantes assumées autrefois par la caisse de secours, à savoir : la continuation, au delà des deux premiers mois de l'indemnité de maladie équivalente à la moitié du salaire, et sans jamais dépasser douze mois ; toutefois après 6 mois de maladie, l'indemnité est réduite à un franc par jour. — Le secours de 25 francs après l'accouchement — le secours (minimum 200 fr.) en cas de décès d'un ouvrier n'ayant pas atteint les quatre ans de services exigés par l'assurance individuelle, — secours en faveur de sa veuve ou de ses orphelins, — pouvant être élevé jusqu'à 300 francs.

selon le nombre et la situation des orphelins mineurs, — l'augmentation de 10 o/o de la subvention hebdomadaire par maladie, correspondant à la moitié du salaire, soit dix centimes par franc en faveur de tout participant ayant au moins cinq ans de service à l'usine.

Quand le fonds total de réserve aura atteint le chiffre de 16.000 francs, le conseil pourra consacrer une partie (20 à 40 o/o) des accroissements annuels, à la majoration de 10 o/o des pensions de retraite des anciens sociétaires âgés de 70 ans, à condition qu'ils aient au moins vingt ans de service, à la création de livrets de caisse d'épargne, de dots pour les enfants mineurs d'anciens ouvriers ou employés ayant au moins quinze ans de service, à des prêts remboursables sans intérêts dans le délai de six mois à un an, mais ne pouvant dépasser cent francs.

Institutions de prévoyance et retraites par répartitions bénéficiaires.

Tous les ouvriers ou ouvrières âgés de moins de 45 ans et de plus de 21 ans ayant au moins 4 ans de service jouiront gratuitement soit d'une police d'assurance sur la vie (à la Compagnie la *Réserve Mutuelle des États-Unis*) au capital de 1.000 francs, soit d'une assurance-vie garantie par l'État, minimum 500 francs. Les droits d'admission, primes, redevances et cotisations sont payés par la maison Vœlker-Coumes.

Si l'assuré meurt avant d'avoir accompli huit années de service dans l'usine, sa veuve ou ses enfants et à défaut ses père et mère, n'ont droit qu'à 300 francs du capital assuré ; l'autre partie du capital est acquise à la caisse de secours. A partir de 8 ans de service la part revenant aux héritiers ci-dessus désignés s'accroîtra de 50 francs par année en plus, de telle façon qu'au bout de vingt ans de service seulement. ils auront droit aux 1.000 francs de la police.

Toutefois, si l'assuré ne laisse à son décès ni veuve ni enfants, ni père. ni mère. le bénéfice de la police est acquis à la caisse de secours.

Si l'assuré quitte l'usine avant que sa police ait sept ans de durée. la police est annulée et le bénéfice reste acquis à la Compagnie d'assurances. S'il quitte au delà de 7 ans, la Société approuvée peut continuer les versements afin de pouvoir la racheter au bout de la quinzième ou vingtième année.

Un ménage d'ouvrier (soit mari et femme occupés à la fabrique, soit père ou mère avec une ou deux filles y travaillant ne peut réunir plus de 3.000 francs d'assurances gratuites, sauf s'il consent à payer le quart des primes et cotisations de 3.000 francs jusqu'à 5.000 francs de capital. Les mêmes avantages sont accordés aux employés de la maison à la condition qu'ils participent à la Caisse de secours en y versant 2 francs par mois et qu'ils prennent à leur charge le tiers des frais et cotisations d'assurances jusqu'à 5.000 francs, ou les deux tiers de 5.000 à 10.000 francs.

Les pères de famille âgés de moins de 45 ans seront, à partir de leur huitième année de service, assurés par deux polices, l'une de 1.000 francs, et l'autre de 500 à 1.000 francs selon leurs mérites. A l'âge de la retraite, c'est-à-dire de 60 à 65 ans, avec au moins 25 ans de service dans la fabrique, l'ouvrier touchera sa part du Fonds de réserve sur l'une des réserves. L'autre police continuera jusqu'à sa mort, pour profiter à sa veuve ou à ses enfants ; toutefois si à son décès, l'assuré ne laisse ni époux survivant, ni enfants, ni père ou mère, cette deuxième police profitera à la Caisse de secours.

A l'expiration du délai stipulé dans la police (quinzième ou vingtième année, selon l'âge et la durée des services), l'assuré devra réaliser le rachat dont le montant est destiné à compléter sa pension de retraite. Toutefois la part de rachat sera grevée d'un prélèvement de 10 o/o, au profit de la réserve et destinée à acquitter partiellement les indemnités prévues par la loi sur les accidents du travail.

Les ouvriers ayant dépassé l'âge de 45 ans, auront droit au lieu d'une assurance soit à une allocation, soit à un livret de la Caisse nationale des retraites à capital aliéné.

Les bénéfices survenant à la caisse de secours, soit par les décès soit par le rachat de police, sont portés à une réserve spéciale, destinée à la fois à augmenter le capital assuré en faveur des ouvriers ayant au moins dix ans de service dans la fabrique, et à diminuer la part des primes payées.

La Caisse de secours ne pourra jamais avoir plus de 3oo francs de charges annuelles pour les assurances et allocations, le surplus devant être payé par la maison Vœlker-Coumes. Toutefois la limite de 3oo francs sera augmentée proportionnellement à la réserve spéciale, si celle-ci dépasse 3.000 francs.

La réserve spéciale des assurances devra contribuer aux risques de la loi du 9 avril 1898 dans la proportion de 3/10. En cas de décès résultant d'un accident du travail, le capital assuré par la police est affecté au paiement de l'idemnité à allouer en vertu de la loi sur les accidents du travail.

Police d'assurance-vie contractée avec la Caisse d'assurance de l'État.

En vertu de la loi du 11 juillet 1868, la partie insaisissable et incessible est fixée au chiffre minimum de 6oo francs, tout en déclarant que la moitié de la somme assurée peut être transférée par disposition testamentaire en dehors de la police. En conséquence, pour assurer l'égalité de ces assurés avec ceux de la Compagnie d'assurances, chaque ouvrier assuré devra écrire une disposition testamentaire de moitié du capital en faveur de la Société de prévoyance avec consentement de sa femme. Cette réserve de moitié ira en diminuant depuis la onzième jusqu'à la vingtième année de service de l'assuré, dans la proportion de un vingtième du capital par année, de telle façon qu'au bout de vingt ans de service la somme assurée profitera entièrement aux assurés.

Caisse de secours.

Cette caisse est alimentée par les versements de l'ouvrier et du patron. L'ouvrier verse 2 o/o de son salaire à la fin de chaque semaine, sans que le versement puisse dépasser o fr. 5o. La mise de fonds de mille francs est avancée par le patron, le reliquat sera ajouté à ce capital qui portera intérêt à 4 o/o par an.

En outre, le patron verse mensuellement à la Caisse une allocation correspondant à un demi pour cent des salaires. Ce versement cessera quand le capital accumulé aura atteint 3.ooo francs.

La Société assure ainsi en cas de maladie une subvention hebdomadaire correspondant à la moitié de son salaire, mais ne pouvant dépasser 1o francs par semaine et la gratuité des soins médicaux et pharmaceutiques.

Aucune subvention n'est accordée pour les quatre premiers jours de maladie. Les ouvriers qui n'ont pas six mois de service, n'ont droit à la subvention que pendant trois semaines. Ceux ayant moins de dix ans de services touchent la subvention entière pendant un nombre de mois égal au nombre d'années de service et la moitié de la subvention pendant les mois suivants, sans que le total puisse dépasser un an (au delà de deux mois de maladie, la charge de l'indemnité est transférée à la Société de prévoyance).

La caisse n'accorde aucune subvention pour maladie résultant d'intempérance, ni aux femmes en couches deux mois avant et deux mois après leur accouchement. Mais un secours de 25 francs leur est accordé après l'accouchement par la Société de prévoyance

Nota. — Si par suite de dépenses extraordinaires, le capital de la caisse s'abaissait au-dessous de 1.000 francs, les cotisations de chaque semaine seraient augmentées de cinq centimes pour chaque sociétaire jusqu'au moment où le capital serait porté de nouveau à 2.000 francs, sans que pour cela les ouvriers aient droit à une subvention plus élevée.

Répartition bénéficiaire. — Participation aux bénéfices. — Les bénéfices nets de l'inventaire annuel sont attribués par moitié au travail et par moitié au capital. La portion attribuée au travail est répartie pour un tiers au travail intellectuel, pour un tiers au travail manuel, et pour un tiers au travail de direction et de perfectionnement.

Le tiers alloué au travail manuel se subdivise en quatre parties savoir : *a)* Quarante centièmes au compte ancienneté de coopération (dont 10 au haut personnel). Pour ce compte, le personnel est classé en six catégories : de 2 à 5 ans, de 5 à 10, de 10 à 15, de 15 à 20, de 20 à 25 ans de service et au delà le coefficient est respectivement de 1, 2, 3, 4, 5, 6.

b) Trente centièmes au compte Masse coopérative de prévoyance subdivisés, savoir : 1° à concurrence de 20/100, pour solder les versements sur assurance-vie et compte de prévoyance. En cas de bénéfices insuffisants, la maison Vœlker couvrira le déficit résultant de ces charges.

2° 10/100 à partager par tête entre tous les coopérateurs à condition qu'ils aient au moins 18 ans d'âge, une année de service pour les ouvriers et deux ans pour les ouvrières non mariées.

c) 20/100 au compte épargne coopérative. Cette épargne se compose de parts privilégiées, réservées au haut personnel, à concurrence de 16/100, — et d'une allocation d'au moins 4/100 au capital de la Société de prévoyance.

d) 10/100 au compte réserves d'améliorations pour les cités ouvrières ; réfectoires et cantines ; locaux communs, etc.

Les participants reçoivent ces allocations sous trois formes : 1° livrets de la Caisse nationale des retraites à capital réservé — sous la forme de polices et primes d'assurances-vie — sous la forme de livrets de caisse d'épargne pour les non-assurés. Toutefois, dans le cas où une loi de retraites ouvrières ou toute autre imposerait aux patrons certaines contributions de prévoyance, tous ces avantages seraient réduits proportionnellement.

Le tiers alloué au travail intellectuel se subdivisera de 70 à 80 o/o à répartir entre le Directeur, les employés, les contremaîtres, et les agents désignés par le chef de la Maison.

b) De 20 à 30 o/o à affecter aux réserves de la Société de prévoyance.

CHAPITRE V

IMPRIMERIES
&CONSTRUCTIONS MÉTALLIQUES

—

ÉTABLISSEMENTS MAZERAND
A CIREY S / VEZOUSE

La Société possède une imprimerie et une fabrique de cartonnage à Cirey, à Paris une fabrique de cartonnage et à Blâmont une usine pour l'impression des feuilles en couleurs vitrifiables pour la décoration des porcelaines, faïences et autres produits céramiques.

Elles utilisent 35o ouvriers et utilisent une force motrice de 2oo chevaux.

En 188o, l'usine occupait 8o ouvriers.

Institutions de prévoyance.

Retraites. — Dès 1881, il a été créé une caisse de retraites sans aucune retenue sur les salaires. Il est prélevé chaque année 1o o/o sur les bénéfices pour être versés à capital réservé à la Caisse des retraites de l'Etat, au compte individuel de tout ouvrier ayant au moins un an de présence.

Elle est touchée à partir de 60 ans, et se monte sur le livret de certains ouvriers à 300, 400, 500 et 600 francs.

Elle est incessible et insaisissable. Au décès du chef de famille, les sommes versées à capital réservé sont intégralement remboursées par l'Etat et remises à la veuve, aux enfants ou ascendants du défunt.

Pour avantager les ouvrières, qui ne restent pas en général jusqu'à 60 ans, le patron leur constitue un capital par une retenue de 3 o/o sur leur salaire, il verse une somme égale et le tout capitalisé à 4 o/o est inscrit sur un livret de caisse d'épargne. Pour les jeunes filles le montant du livret capital et intérêts, leur est remis au moment de leur mariage, ce qui leur constitue ainsi une dot.

Les femmes mariées y ont droit à l'âge de 40 ans ou plus tard si elles le désirent.

Lorsqu'une ouvrière quitte l'établissement, les sommes versées lui sont remboursées à 3 o/o comme si elle avait placé son argent à la Caisse d'épargne.

Maladie. — La Société assurait ses ouvriers avant la loi.

Dans le cas de décès en activité de service de l'ouvrier. les frais de funérailles sont remboursés à la famille.

Institutions concernant le bien-être matériel.

Logement. — 4 types de maisons ont été construits. Les unes à 4 logements séparés se composent chacun

d'une cuisine et d'une salle à manger au rez-de-chaussée, deux chambres au premier et en outre grenier et
cave. Ces logements sont loués 6 francs par mois, soit
o fr.20 par jour. D'autres contiennent une porcherie,
une écurie et un grenier à foin, dont le loyer est de
10 francs par mois.

Aux familles qui ont cinq travailleurs à l'usine, la
gratuité du logement est accordée. Des prêts aux taux de
2 o/o sont consentis pour la construction de maisons.

Jardins. — Des jardins à 2 francs l'are sont loués
aux ouvriers.

Cantine. — Les ouvriers ont un réfectoire dans lequel
il peuvent faire chauffer les aliments qu'ils apportent.
Il leur est servi un demi-litre de vin naturel à o fr. 10.

Hygiène. — Il existe aussi une salle de bains et des
lavoirs ont été construits.

Société de sauvetage. — Comme il n'existait aucune
Société de ce genre à Cirey, elle en a institué une.

Institutions concernant le bien-être moral.

Il existe une Société de musique, une salle de théâtre
avec cinématographe.

IMPRIMERIE BERGER-LEVRAULT

Institutions de prévoyance.

Vieillesse. — Il a été formé une caisse de retraites et de pensions qui a pour but de fournir des secours et des pensions annuelles aux employés et ouvriers âgés ou infirmes.

Elle est alimentée au moyen de versements annuels de la Société et s'il y a lieu de cotisations du personnel ne pouvant pas dépasser 10 centimes par semaine et par personne. Jusqu'à nouvel ordre, il ne sera plus perçu de cotisations sur le personnel.

Auront droit aux secours ou à une pension de retraite :

1° Les ouvriers frappés d'une incapacité absolue de travail par suite de maladie et comptant 20 années de service.

2° Ceux frappés d'une incapacité absolue de travailler, par suite d'accidents ou blessures survenus dans le travail et non occasionnés par la négligence ou l'imprudence de l'ouvrier.

3° Ceux ayant 60 ans d'âge et 35 ans de service sans autre condition.

Taux des pensions. — Il est accordé 300 francs par an à tout ouvrier atteint d'une incapacité absolue de travail par suite d'accidents ou de blessures survenus pendant le travail, quel que soit le nombre des années de service, ou par suite de maladie et comptant 20 années consécutives de présence.

375 francs par an après 25 années de services, 450 francs après 30 années de service continu et 600 francs à ceux ayant 60 ans d'âge et 35 années de service. Pour ces derniers, ils ont droit à la pension même s'ils sont encore capables de travailler. Ceux atteints de maladie n'ont droit à un secours temporaire qu'après 10 ans de présence à l'usine.

Nul ne peut prétendre à un secours ou à une pension s'il ne fait plus partie de la Société, quel que soit le nombre de ses années de service.

Les cotisations versées sont définitivement acquises à la caisse et aucun remboursement de cotisations ne peut être réclamé par ceux qui quittent la Société, soit volontairement, soit par suite de renvoi. Les sommes versées à la caisse par la maison restent la propriété de celle-ci, et en cas de liquidation, elle en retirera le montant de ses versements.

Les pensions et secours sont garantis par la Société qu'elles que soient les ressources de la caisse. Si elles étaient insuffisantes, la Société en assurerait le fonctionnement.

Caisse des malades.

Les fonds de la caisse se composent : des retenues faites sur les salaires et des subventions de la Société.

En cas de force majeure nécessitant la liquidation, la Société aurait le droit de prélever sur le capital de la caisse le montant de leurs souscriptions et des intérêts qu'elles auront produits, les subventions par elles données n'ayant eu pour but que de faciliter à ses débuts le fonctionnement de la caisse des malades et de favoriser plus tard la création d'une caisse de retraites.

Conditions d'admission. — Pour être membre de la caisse, il faut être âgé de moins de 50 ans, avoir une bonne conduite, n'être atteint d'aucune maladie chronique incurable pouvant occasionner une incapacité de travail. Son adhésion peut en être refusée deux mois après son entrée dans la société de secours. Peuvent en être exclus ceux dont la conduite serait mauvaise. Ceux qui cessent de faire partie de la caisse n'ont aucun droit à réclamer le remboursement de leurs cotisations.

Montant des cotisations. — La retenue hebdomadaire est fixée d'une manière uniforme, pour tous les ouvriers et ouvrières, à 3 o/o de leur salaire de 6 jours de 10 heures de travail. Les employés et contremaîtres sont admis à faire partie de la Caisse en basant le chiffre de leur cotisation sur un minimum de 100 francs par mois. L'indemnité à leur accorder est calculée sur le taux de leur cotisation.

Objet de la société. — Ils ont droit aux soins médicaux et pharmaceutiques et à une indemnité en argent égale au salaire intégral du malade. L'indemnité à accorder est facultative. A la sortie de l'hôpital, l'ouvrier reçoit l'intégralité de son salaire pendant sa convalescence.

Les trois premiers jours, il n'a droit à aucune indemnité. Du 4ᵉ au 6ᵉ jour, il a droit au demi-salaire, du 7ᵉ au 9ᵉ aux trois quarts, et à partir du 10ᵉ jour à la totalité de son salaire. Elle est payée, déduction faite de la cotisation. Pendant les six premiers mois, il reçoit son salaire intégral et pendant les six autres mois un demi-salaire. Après un an de maladie, il n'a plus droit à rien. N'a droit à aucune indemnité, celui qui a été vu fréquentant des cafés ou autres lieux publics.

Allocation de décès. — Il est versé 100 francs pour frais d'inhumation à la famille du sociétaire, 50 francs s'il avait moins de quatre ans de sociétariat, et 30 francs si c'est un apprenti.

Allocation militaire. — Ceux qui accompliront leur service actif pourront recevoir des indemnités, si la famille se trouve dans le besoin.

Administration. — Le bureau chargé d'administrer la caisse est composée d'un président qui est de droit l'un des chefs de la maison, d'un vice-président choisi par les patrons, et de neuf membres élus par les sociétaires. Il y a des assemblées générales tous les ans. Les membres sont tenus d'y assister sous peine d'une amende de 1 franc.

Contrôle des malades. — Des visiteurs sont chargés chaque semaine de s'assurer de l'état des malades.

Le nombre des sociétaires était en 1911 de 367, dont 317 ouvriers et 50 employés.

ÉTABLISSEMENTS ADT A PONT-A-MOUSSON

Fondée en 1844 et transférée après la guerre de 1870 à Pont-à-Mousson, elle a été transformée en 1901 en Société par actions au capital de 2.000.000 de francs, portés en 1909 à 2.500.000 francs. Elle fabrique des papiers cartons à Blénod et à Pont-à-Mousson des articles en carton comprimé et laqué, en fibre de bois, des tubes et bobines pour l'industrie textile. L'usine occupe un personnel de 600 ouvriers et une superficie de 45.095 mètres carrés.

Institutions concernant le bien-être matériel.

A Blénod, il a été construit pour les ouvriers des logements avec jardins. Il existe une salle de ménage où les ouvriers et ouvrières du dehors prennent leurs repas à midi.

Institutions de prévoyance.

Maladie. — La Société a institué des caisses de secours et une société de secours mutuels. En cas de maladie, les ouvriers ont gratuitement les secours du médecin et les médicaments, ainsi que des secours en espèces.

Vieillesse. — Il est versé tous les ans une gratification de 5o francs aux ouvriers ayant 3o ans de service.

Epargne. — La Société a institué une caisse d'épargne, dans laquelle les ouvriers versent mensuellement o fr.5o. Ces dépôts sont tenus à leur disposition.

A. — Pour les ouvriers : à l'âge de 25 ans, ou pour ceux appelés sous les drapeaux au moment de leur entrée au régiment.

B. — Pour les ouvriers à partir de 25 ans, ou au moment de leur mariage.

Institutions concernant le bien-être moral.

Des subventions sont accordées à l'école municipale de dessin suivie par les jeunes ouvriers et des gratifications aux élèves des cours d'adultes.

Société de musique. Composée d'une partie des ouvriers, elle fonctionne depuis plus de vingt-cinq ans.

Rapports pécuniaires entre les institutions patronales, les salaires et les dividendes.

Les institutions patronales ont coûté à la Société 15.3oo francs représentant 2.6o o/o des salaires. 12 o/o des dividendes. o,75 o/o du chiffre d'affaires.

Influence des institutions patronales.

La moralité est en moyenne pareille à celle des autres villes lorraines.

Quant aux rapports entre le capital et le travail. ils

sont bons. Il n'y a jamais eu de grève. La stabilité du personnel est la suivante en 1908 :

37 ouvriers avaient de 10 à 15 ans de service.
30 — de 15 à 20 —
29 — de 20 à 25 —
17 — de 25 à 30 —
50 ouvriers avaient de plus de 30 ans de service.

SOCIÉTÉ ALSACIENNE DE CONSTRUCTIONS MÉCANIQUES DE BELFORT

Institutions de prévoyance. — Caisse de pensions et de secours aux employés

Cette caisse comprend tous les employés des trois usines de la Société alsacienne de constructions mécaques (Belfort. Mulhouse. Grafenstaden) dont le traitement annuel est égal ou supérieur à 2.500 francs.

Ressources de la caisse. — Elle est alimentée par : 1° Les cotisations des membres fixées à 5 o/o des appointements (pour la fraction de ces appointements qui ne dépasse pas 8.000 francs) ; par les subventions de la maison égales aux cotisations des membres ; par les droits d'entrée à la caisse fixés à un mois d'appointements et à un douzième des augmentations ultérieures de ces appointements ; par les dons et les legs et par les intérêts du capital.

Montant de la pension. — Tout employé âgé d'au moins 55 ans et faisant partie de la caisse depuis au moins 30 ans a droit à une pension égale à la moitié de son traitement moyen pendant les trois dernières années et au plus égale à 4.000 francs.

Cette pension lui est aussi allouée en cas d'invalidité précoce, d'autre part, si au moment où il demande sa retraite il fait partie de la caisse depuis moins de 30 ans, sa pension est réduite proportionnellement.

La veuve d'un employé décédé en activité de service a droit à une pension viagère égale aux 12/40 du traitement de son mari et les enfants, à une pension égale aux 2/40 du traitement du père. Mais le total des pensions de la veuve et des enfants ne peut pas dépasser 18/40 du traitement du père soit dans le cas le plus favorable 3.600 francs.

Le fonctionnement en est satisfaisant : le capital créé par les excédents de recettes depuis la fondation de la caisse en 1893 était au 31 décembre 1908 d'environ 2.800.000 francs. Le montant des pensions payées en 1908 s'élevait à 110.000 francs se répartissant entre 26 pensionnaires, 43 veuves et 27 orphelins. Le nombre des membres de la caisse était de 515.

Société de secours mutuels des employés.

Cette mutuelle est facultative pour les employés et leur famille. La cotisation est de 1 franc par mois pour un employé ou sa femme et de o fr. 25 par enfant. Il y a de plus des droits d'entrée variant avec l'âge.

Elle assure les frais médicaux et pharmaceutiques en cas de maladie. Le nombre des membres était de 250 en mai 1909.

Caisse de secours des ouvriers malades.

Cette Société est une société mutuelle : l'ouvrier qui n'appartient pas à une autre caisse est tenu d'en faire partie.

Les ressources de la caisse se composent des cotisations des membres (La cotisation mensuelle est égale à 5 fois son salaire par heure), des intérêts du fonds de réserve et d'autres suppléments dont la Société fait profiter la Caisse.

En cas de maladie, chaque malade reçoit gratuitement les soins des médecins rétribués par la caisse et les médicaments. Il reçoit en outre pendant toute la durée de la maladie (à l'exception des trois premiers jours quand cette durée n'excède pas 10 jours), une indemnité journalière égale à son versement mensuel et qui correspond au demi-salaire journalier. La maladie ne peut pendant plus de six mois donner droit aux secours de la caisse et aucun membre n'a droit annuellement à plus de 200 jours de secours. Mais si la maladie provient de rixe ou de débauche, elle ne donne pas droit à ces secours.

En cas de décès, la famille a droit pour les frais d'inhumation, à une somme égale à 40 fois le montant de la cotisation mensuelle du sociétaire et au minimum à 50 francs.

Administration de la Caisse. — La caisse est administrée par un comité composé de trois délégués de la Société de Constructions métalliques et de délégués des ouvriers.

Historique et fonctionnement. — Le fonctionnement de la caisse de secours sur les bases actuelles, ne date que de 1898. En effet avant l'entrée en vigueur de la loi sur les accidents du travail, cette caisse payait aussi bien les secours pour accidents, que ceux pour maladie. Les cotisations étant les mêmes, un déficit correspondant aux indemnités d'accident était comblé par la Société, de sorte que celle-ci prenait donc déjà à sa charge le risque accident.

Après 1898, les deux comptes ont été séparés, le fonctionnement a eu lieu dans de bonnes conditions et presque chaque année on enregistrait un excédent de recettes sur les dépenses ; cet excédent permit de constituer un fonds de réserve qui, s'élevait en 1905 à plus de 70.000 francs, somme supérieure aux dépenses d'une année.

A partir de cette année, les dépenses ont commencé à croître dans des proportions considérables et, malgré l'augmentation du chiffre des recettes, il a fallu depuis 1906, enregistrer une perte importante qui a réduit le fonds de réserve à la moitié de la valeur qu'il avait en 1905.

Cette augmentation des frais par rapport aux recettes semble tenir à trois causes principales qui sont :

1° L'augmentation du nombre des jeunes ouvriers qui, gagnant moins que les hommes, payent des cotisations moins élevées, et malgré cela coûtent aussi cher à soigner.

2° L'introduction d'ouvrières qui se trouvent dans le même cas que les jeunes ouvriers, au point de vue du salaire et de plus, sont plus souvent malades que les hommes.

3° Mais la cause principale réside dans les abus qui sont de plus en plus nombreux.

La disposition d'esprit de beaucoup d'ouvriers a changé et certains d'entre eux n'usent pas des ressources de la caisse avec la conscience qui serait nécessaire.

L'augmentation du nombre des membres rend le contrôle de plus en plus difficile. Aussi a-t-il été décidé de charger les délégués ouvriers de visiter les malades à domicile et de leur donner pour chaque tournée une indemnité qui compense en partie la perte du gain qu'ils éprouvent en quittant leur travail.

Situation de la caisse. — Pour 1906, 1907, 1908, les recettes ont été respectivement de 74.057, 81.385 et 87.541 francs, les dépenses se sont élevées pour les mêmes années à 83.672, 94.099 et 94.928 francs.

Pour l'année 1908, les dépenses s'appliquaient à 4.000 membres, dont 200 femmes et se décomposaient en 51.082 francs d'indemnités aux malades, en 9.002 fr. de frais médicaux, et 25.023 francs de médicaments.

Institutions concernant le bien-être moral.

Il a été formé entre les employés un cercle.

PERBAL ET CIE, GRANDE CHAUDRONNERIE DE DOMBASLE (M. & M.).

Maladie. — La Société prend à sa charge la totalité des frais médicaux et pharmaceutiques pour l'ouvrier et sa famille. Il est alloué, en outre, une indemnité équivalente au demi-salaire par jour de maladie. Mais la totalité de ces frais ne peut être supérieure au dixième du salaire, lorsque l'ouvrier n'a pas à l'usine dix années de présence. Au delà de dix ans, elle prend à sa charge la totalité des frais sans restriction.

Allocation d'accouchement. — La Société verse les sommes nécessaires pour le paiement de la sage femme.

Accidents du travail. — La Société paie les quatre premiers jours de maladie, sans qu'elle y soit contrainte par la loi.

Assistance. — Des secours sont accordés aux anciens ouvriers, qui se trouvent dans le besoin.

Vu :
Nancy, le 15 mai 1911.
Le Président de la Thèse,
F. SENN.

Vu :
Nancy, le 17 mai 1911.
Le Doyen,
E. BINET.

Vu et permis d'imprimer :
Nancy, le 18 mai 1911.
Le Recteur de l'Académie.
Ch. ADAM,
Correspondant de l'Institut.

TABLE DES MATIÈRES

DOCUMENTS RELATIFS A L'ENQUÊTE

Imp. J. Thévenot, Saint-Dizier (Haute-Marne)